HENRIQUE FOGAÇA

HENRIQUE FOGAÇA

UM CHEF HARDCORE

edições TAPIOCA

SESI-SP editora

Edições Tapioca

Editor: Daniel Guazzelli

Texto: Guta Chaves

Produção editorial: Crayon Editorial
Coordenação editorial e edição: Fernanda Marão
Direção de arte, projeto gráfico e capa: Alberto Mateus
Diagramação: Alessandra Salles
Revisão: Bia Nunes de Souza

Fotografia: Luna Garcia / Estúdio Gastronômico
Customização de peças pirografadas: Estúdio Kustom Works
Customização de jogos americanos e guardanapos: Maria Algodão
Porcelanas e vidros com estampas de tatuagem: Walker peças personalizadas

Impressão: Gráfica Nywgraf em papel couché fosco 150g/m², novembro de 2018.

SESI-SP EDITORA

EDITOR-CHEFE
Rodrigo de Faria e Silva

PRODUÇÃO GRÁFICA
Sirlene Nascimento
Vanessa Lopes dos Santos

ALIMENTE-SE BEM

CIP-BRASIL. CATALOGAÇÃO NA PUBLICAÇÃO
SINDICATO NACIONAL DOS EDITORES DE LIVROS, RJ

F683c

Fogaça, Henrique
Um chef hardcore / Henrique Fogaça, coordenação de Fernanda Marão. – 1. ed. – São Paulo : Edições Tapioca, 2018.

ISBN Sesi: 978-85-504-1065-4
ISBN Tapioca: 978-85-67362-14-4

1. Gastronomia. 2. Culinária – receita. 3. Henrique Fogaça – biografia. I. Marão, Fernanda. II. Título.

CDD: 641.5

Índice para catálogo sistemático:

1. Gastronomia: culinária 641.5
2. Culinária: receita 641.5

TAPIOCA

2017

www.pioneiraeditorial.com.br
vendas@pioneiraeditorial.com.br

SESI-SP editora

2018
SESI-SP Editora
Av. Paulista, 1.313
01311-923 São Paulo - Brasil
Tel. 55 (11) 3146-7308
editora@sesisenaisp.org.br
www.sesispeditora.com.br

SUMÁRIO

A saga dos Fogaça

O pequeno piracicabano

RECEITAS DE FAMÍLIA

O recomeço em Ribeirão

Nos tempos de rebeldia

Busca incessante da evolução

Crescer, vencer, prosseguir

RECEITAS DO SAL

Sem reservas

RECEITAS DO CÃO VÉIO

Ninguém pode me parar

RECEITAS DO JAMILE

Aqui não tem burguês, nem playboy, nem vacilão

© ARQUIVO PESSOAL

A SAGA
DOS FOGAÇA

OH BELLA, CIAO

Ao observarmos a Itália atual, tão cheia de encantos e belezas, destino de turistas do mundo todo, é difícil imaginar que a integração e o padrão de vida tidos como sonho de consumo de muitos inexistiam até o final do século 19.

A história nos faz lembrar que esse país só foi unificado em 1971. Até então, o que havia era uma coleção de pequenos Estados, como os de Sardenha, Lombardia, Vêneto, duas Sicílias e o grão-ducado da Toscana.

/ Joel, Flora e os filhos, João Gilberto e Amélia.

Havia certa discrepância entre os reinos que passaram a formar a *bella* Itália, razão pela qual se gerou grandes transformações políticas, sociais e econômicas: o norte, mais desenvolvido, estava em processo de industrialização, e o sul continuava essencialmente agrário. A nação se encontrava em crise, com economia debilitada e altas taxas de crescimento da população desempregada.

O lamento dos trabalhadores em busca de melhores condições de vida está presente na típica e linda canção *Bella Ciao*, que inspirou mais tarde versões que retratariam outros momentos de dificuldade do povo:

Bella ciao, ciao ciao,
Lavoro infame per pochi soldi
E la tua vita a consumar!

Oh bella ciao, bella ciao
Bella ciao ciao ciao,
Ma verrà il giorno che tutte quante
*Lavoreremo in libertà!**

Grande parte dos italianos que migraram para o Brasil era de origem simples, principalmente das regiões rurais da Itália onde muitos passavam fome. O Brasil era visto como uma terra nova, repleta de oportunidades.

LA BELLA POLENTA SE PIANTA QUI

ENTRE O FINAL do século 19 e o início do século 20, o governo brasileiro investiu numa imigração subvencionada, ou seja, pagava as passagens dos imigrantes. A decisão revelava-se uma solução para colonizar territórios pouco ocupados. Precisava-se também de mão

* "Trabalho infame, por pouco dinheiro/ Oh, bela, adeus!/ e a consumir a tua vida!/ Mas virá o dia em que todos nós/ trabalharemos em liberdade." Trecho da suposta letra original da música *Bella Ciao*, que remonta ao final do século 19.

de obra barata para substituir os escravos nas plantações de café, já que as leis abolicionistas estavam às vésperas de libertá-los.

Foi assim que famílias inteiras de italianos chegaram ao estado de São Paulo em busca do sonho de ganhar dinheiro com a colheita de café, adquirir uma terra para plantar e conquistar independência econômica.

O café, produto que parece fazer parte de nossa economia desde sempre, na verdade tem sua origem na Etiópia e chegou até nossas terras pela primeira vez através da Guiana Francesa. Seu cultivo prosperou no século 19, principalmente em terras paulistanas, por conta do aumento do consumo da bebida nos Estados Unidos e na Europa. Tanto que no final daquele século, o Brasil já dominava 70% da produção mundial.

RAÍZES EM PIRACICABA

FOI EM MEIO A ESSA leva de esperançosos que partiu, com 15 anos, o menino Batista Segheze, italiano da cidade de Bérgamo, na Lombardia. Desembarcou no porto de Santos assim como outros milhares de italianos que, de carroça, numa longa e cansativa viagem, chegaram ao verdadeiro sertão que era o interior de São Paulo.

Sua parada foi Piracicaba, onde alguns parentes já viviam. A cidade, que leva o nome desse afluente do rio Tietê e que até hoje é atração turística pelas suas cascatas, desenvolveu-se com o cultivo da cana-de-açúcar e do café.

Assim como seus compatriotas, Batista foi trabalhar na roça, no seu caso, carpindo cana e plantando arroz. Mas o destino estava ao seu lado e depois de alguns anos fez amizade com o doutor Holger Kok, engenheiro civil dinamarquês que ocupava o cargo de diretor-presidente da Société des Sucreries Brésiliennes, pertencente à família Rothschild, dona de cinco usinas de açúcar e do Engenho Central, produtor de bebidas como o conhaque Napoleão. Batista acabou se tornando cocheiro do doutor Kok e uma pessoa de confiança da família.

BATISTA TINHA UMA SAÚDE DE FERRO. TOMAVA SUA TAÇA DE VINHO TODOS OS DIAS, DE VEZ EM QUANDO UMA CACHACINHA, E, NESSE RITMO, VIVEU ATÉ OS 94 ANOS.

No bairro Vila Rezende havia um terreno de propriedade da Societé com um extenso e frondoso bosque (hoje em dia o local é uma praça), onde as pessoas costumavam passear e que possuía uma igreja em que aconteciam muitos casamentos.

Foi ali que o jovem Batista casou-se com Pierina Bistaco, filha de italianos de Veneza. Mais de setenta anos depois, seu bisneto, Henrique Fogaça, seria batizado na mesma igreja.

Seu Batista e dona Pierina formaram uma família numerosa de nove filhos. Florentina, nascida em 1911, a filha mais velha, a que todos chamavam de Flora, seria, mais tarde, a avó de Fogaça.

Quando começaram a chegar os netos, dona Pierina os distraía contando curiosidades sobre suas origens. João Gilberto - pai de Fogaça e filho de Flora - se lembra de ela discorrer várias vezes sobre seu grau de parentesco: gabava-se de ser prima de terceiro grau do papa Pio X (nascido como Giuseppe Melchiorre Sarto), cujo pontificado durou de 1903 a 1914.

Reza a lenda que Batista tinha uma saúde de ferro. Tomava sua taça de vinho todos os dias, de vez em quando uma cachacinha, e, nesse ritmo, viveu até os 94 anos. O segredo da longevidade também incluía muita massa, feijão e polenta - os italianos encontraram no Brasil milho de sobra para preparar um de seus acompanhamentos prediletos. A tradicional Festa da Polenta de Santa Olímpia, bairro fundado por italianos em Piracicaba há 120 anos, já está em sua vigésima edição.

O FOGAÇA ARTESÃO

MUITOS FAZENDEIROS DA REGIÃO de Piracicaba encomendavam as selas feitas por João de Andrade Fogaça. Era o caso do cocheiro Batista, que, aliás, viria a casar sua filha, Flora, com Joel, filho do seleiro. João de Andrade era um oficial de selaria de mão cheia. Hoje são raros os profissionais que desenvolvem esse ofício de forma a resultar em um produto durável, como eram as selas produzidas pelo bisavô de Henrique Fogaça. Porém, à época, era uma atividade muito requisitada, cada cidade tinha pelo menos algumas oficinas.

Como bom artesão, João de Andrade atentava-se às sutilezas de seu ofício, como revestir os parafusos com couro para não machucar o animal. Esmerava-se nos acessórios: barrigueiras (que prendem a montaria) de lã ou de couro, baixeiros, mantas, peitorais e freios, além de arreios de qualidade. O seleiro era casado com dona Amélia Ferreira Leme, e os dois tiveram, entre seus muitos filhos, Joel de Andrade Fogaça, nascido em 1909.

Joel não se encantou pelo ofício do pai e acabou seguindo carreira no comércio. No início fazia bicos arrendando terras e com carretos de caminhões, trabalhando para empreiteiras. Casou-se com Florentina (Flora) Seghesi, a filha do italiano Batista, dois anos mais nova que ele. O casal teve os filhos João Gilberto e Amélia Seghesi Fogaça e continuou morando no casarão da família, que ficava na Rua Luiz de Queiroz, a trezentos metros do rio Piracicaba, em frente de uma bonita mata, até hoje preservada.

Mais tarde, montou um armazém de secos e molhados. Vendia arroz, feijão, milho, farinha e outros víveres a granel. As vendas eram anotadas em cadernetinhas e a freguesia pagava a conta no final do mês. Como garantia se dava mesmo o "fio do bigode", que selava a palavra de honra.

PIRACICABANOS DA GEMA

O FILHO DE JOEL, João Gilberto, já moço, costumava ajudá-lo na hora do almoço ou quando tinha folga da faculdade.

Mas ele prefere voltar um pouco mais no tempo e lembrar de que gostava muito de brincar, quando moleque, embaixo da mesa do avô João de Andrade e se distraía por horas admirando-o na montagem criteriosa de suas selas. O avô morreu quando ele tinha 6 anos. João Gilberto guarda até hoje, junto com as boas recordações, a foto da casa na qual morou até se casar e na qual seus pais ainda moraram por longo tempo. Hoje a casa é uma pizzaria e foi tombada pelo Patrimônio Histórico.

Com sua sensibilidade aguçada, o menino João Gilberto observava que a mãe vivia à frente do seu tempo. Embora só tivesse frequentado o grupo escolar, Flora era muito inteligente, uma leitora voraz e apreciadora de obras de arte. Gostava de música clássica e adorava ir a concertos levando os filhos a tiracolo.

Típica *mamma* italiana, fazia a massa em casa, em repetidos gestos de abrir um buraco na farinha, adicionar os ovos e depois ligar os dois ingredientes de forma cadenciada. Sovando a massa com a palma da mão, incorporava mais farinha até sentir a consistência perfeita, num conhecimento intrínseco e ancestral.

Depois deixava a massa descansar e, em seguida, com o rolo, esticava bem para extrair dela os formatos que desejava: espaguetes e tagliatelles que eram cortados à mão e dependurados no varal para secar. Aos domingos a massa era servida com o molho *al* sugo, que cozinhava por horas e cujo perfume invadia a casa. A recompensa eram os rostos felizes da família à mesa. Todos adoravam sua cozinha substanciosa.

Foi assim, simples e feliz, a infância de João Gilberto. Andava descalço, brincava na rua com a molecada, subia em árvores. A família era sócia do Clube de Regatas e o menino gostava de remar e nadar no rio. O salto do rio Piracicaba, denominado Véu da Noiva, uma extensa queda d'água que espuma em degraus, sempre encantou a todos pela sua beleza natural. Piracicaba significa "lugar onde o peixe para" na língua dos primeiros habitantes da região, os tupi-guarani. Nos anos 1950, havia tanto peixe no rio que, do mirante, quando o sol batia, a água ficava prateada. Essa era a época de comer pintado, mandi, dourado e curimbata. Dizem que se chegava a pescar dourados de 12 quilos e jaús de 70 quilos!

© ARQUIVO PESSOAL

João Gilberto bebê e seus pais, Joel e Flora.

João Gilberto estudou no grupo escolar Morais Barros e depois foi estudar no Colégio Salesiano Dom Bosco. Mais tarde, como bom piracicabano, seguiu a veia econômica da região e decidiu estudar agronomia na Esalq (Escola Superior de Agricultura Luiz de Queiroz), pertencente à USP e umas das mais importantes universidades da América Latina nesta área. Foi lá que conheceu Maria Luisa, da família dos Aranha do Amaral e dos Campos Bicudo, com quem se casou.

OS ARANHA DO AMARAL

O PAI DE MARIA LUISA, Francisco Aranha do Amaral, nascido em 1902, era o décimo quarto filho de Pedro Aranha do Amaral, patriarca de uma família de fazendeiros de café de Araraquara, cidade que até 1817 pertenceu ao município de Piracicaba e passou a condição de cidade em 1889. A partir do final do século 19 a economia araraquarense voltou-se para o café, o chamado "ouro verde", participando do novo ciclo econômico do Brasil.

O futuro dos pais de Francisco poderia ter sido bem promissor se Pedro não tivesse morrido em um acidente estúpido na sua fazenda: um varão de carroça empestado caiu na cabeça dele. Talvez pelo desgosto, a esposa faleceu logo depois.

Francisco ficou órfão cedo, aos 15 anos, e com uma herança para dividir com seus 13 irmãos. Há de se convir que ninguém ficou milionário, mas seu quinhão garantiu-lhe, pelo menos, uma boa educação.

Foi estudar na capital paulista e acabou se envolvendo, aos 30 anos, com os ideais separatistas da Revolução Constitucionalista de 1932. Lutou nas trincheiras contra o governo de Getúlio Vargas, em prol da autonomia do estado de São Paulo e da retomada da Constituição. Mas, como a causa não conseguiu apoio nem dos mineiros, nem dos gaúchos, os paulistas acabaram derrotados pelo governo federal. Alguns dos principais líderes tiveram seus direitos cassados e foram deportados para Portugal.

A perseguição também atingiu Francisco. Com medo de represálias, ele se escondeu na fazenda de um primo em Jaci, distrito de São José do Rio Preto. Ficou por lá e, graças aos seus contatos, acabou se tornando dono de cartório, de onde passou a tirar o sustento.

OS CAMPOS BICUDO

UM CARTÓRIO EM MIRASSOL também era o meio de vida de Luiz de Campos Bicudo, casado com dona Alzira e pai de sete filhos, entre eles Maria Luiza de Campos Bicudo, nascida em 1924, que por todos era chamada de Liliza.

A trajetória de vida da família de Liliza em muito se assemelhava à da família de Francisco. Como tantos outros fazendeiros,

CERTA VEZ, NA ÉPOCA DO NATAL, FRANCISCO TOCOU NA PORTA DA CASA DE SEU LUIZ LEVANDO UM PRESENTE PARA A CEIA DO AMIGO.

eles quebraram em 1929, na época da Grande Depressão que ocorreu nos Estados Unidos e culminou na queda da Bolsa de Valores, afetando o mundo todo.

Como aconteceu com muitos fazendeiros, o café dos Campos Bicudo apodreceu no porto de Santos e eles tiveram de entregar suas fazendas e os dois carros para pagar as dívidas. Para recomeçar, a família mudou-se para Mirassol.

Liliza teve oportunidade de estudo semelhante a dos irmãos – os homens se formaram médicos e engenheiros agrônomos e as mulheres, professoras de segundo grau. Antes do problema financeiro da família, Liliza havia enfrentado seu pai e estava em São Paulo cursando Artes Plásticas na Escola Belas Artes e morando numa pensão de moças. Mas precisou interromper os estudos e passou a contribuir para o sustento da família dando aula de desenho geométrico em uma escola primária de Mirassol.

A vida melhorou quando seu pai foi nomeado dono de cartório. Foi assim que Luiz de Campos Bicudo e Francisco Aranha do Amaral se tornaram colegas de profissão – moravam em cidades vizinhas e ambos andavam às voltas com promotoria, Ministério Público e juízes de direito.

Certa vez, na época do Natal, Francisco bateu à porta da casa de seu Luiz levando um presente: um peru para a ceia do amigo. Quem abriu a porta foi Liliza, que logo se encantou com aquele homem maduro, bonito, de olhos verdes azulados como o mar e cabelos escuros. Muito bem educado e elegante, beijava a mão das mulheres num gesto de cavalheirismo que o diferenciava da maioria. Por sua vez, Francisco caiu de paixão pela encantadora e delicada Liliza.

Naquela noite, nos sonhos de Liliza só aparecia o galante Francisco. Acabaram namorando, mas tiveram de superar muitos obstáculos, a família não era muito a favor do relacionamento por conta da diferença de idade: Francisco tinha 45 anos e Maria Luiza, 22.

Apesar da pressão familiar, eles acabaram se casando. Tiveram três filhos, as gêmeas Maria Luisa (mãe de Henrique Fogaça) e Maria Lucia (madrinha de Henrique), além de Francisco Aranha Filho, que faleceu aos 59 anos, em 2012.

O relacionamento de Francisco e Liliza foi de amor e respeito até o fim: "Eles nunca pensaram em se separar, não me lembro de brigas", conta a filha Maria Luisa.

À mesa, havia toda a disciplina de uma família de boa educação: criança, por exemplo, só se sentava com os adultos quando soubesse comer direito e, mesmo assim, não podia interrompê-los. Foi assim que Maria Luisa aprendeu com os pais todas as regras da etiqueta tradicional.

OS PAIS DE FOGAÇA

VOLTANDO À PIRACICABA, foi no ambiente escolar da Esalq que João Gilberto conheceu Maria Luisa, a filha de Francisco e Liliza. Ela estudava na escola normal voltada para o ensino rural e que ficava dentro do *campus* da Esalq. Preparava-se para se formar professora primária e morava em Piracicaba, na casa da tia – seus pais residiam então em Agudos, cidade para a qual tinham se mudado e onde ficava o novo cartório da família.

João Gilberto e Maria Luisa se encontravam no pátio da escola e no bonde, de volta para casa, pois Maria Luisa morava a um quarteirão da residência do estudante de agronomia. Nesse trajeto se conheceram e começaram a namorar.

Entre namoro e noivado foram seis anos. Casaram-se em outubro de 1968, dois anos depois de João Gilberto se formar em agronomia, quando ele estava com 27 anos.

Especializado em tecnologia de açúcar, álcool e alimentos, João Gilberto trabalhava na Mausa, empresa de equipamentos industriais, onde foi convidado para integrar a equipe depois de fazer um estágio. Aos 29 anos, foi nomeado diretor comercial e viajava por todo o Brasil.

Batizado de Henrique. Ele foi batizado na mesma igreja em que se casaram seus bisavós paternos, Batista e Pierina.

O PEQUENO PIRACICABANO

OS EFERVESCENTES ANOS 1970

Os anos 1970 foram um período de grande efervescência cultural e política em que persistia a Guerra Fria entre as potências, lideradas pelos Estados Unidos, do lado capitalista, e pela antiga União Soviética, do grupo comunista. Na América Latina, impuseram-se ditaduras; no Brasil a repressão aumentou e a censura era geral, aplicada inclusive na mídia.

Dá para imaginar porque pipocaram manifestações que se somavam às mudanças de comportamento e aos processos de conscienti-

zação sobre a importância de preservar o meio ambiente, visando a sobrevivência do planeta. Junte-se a esses tempos de transformação os muitos avanços tecnológicos nos meios de comunicação, como a transmissão em rede via satélite e a TV em cores.

Um dos movimentos culturais que despontaram nesse cenário, questionando a situação mundial vigente, foi o punk. Mais direto e agressivo, era uma maneira de mostrar que o sonho hippie de paz e amor, herança da contracultura* dos anos 1960, tinha acabado.

Os punks revelavam uma postura incisiva e cética que se exteriorizava, por exemplo, no "faça você mesmo" – seus membros não aceitavam as imposições do mercado e da moda. Queriam chocar vestindo roupas escuras que eles mesmos adaptavam, e era comum usar acessórios como *piercings*, alfinetes, pregos e pinos.

O movimento manifestou-se também na música, geralmente com temas de rebeldia e antipatia à cultura em voga, pregando valores contra o machismo, a homofobia e atitudes de totalitarismo, ressaltando a igualdade e incomodando os mais reacionários.

O ano de 1974, mais exatamente o dia 30 de março, é considerado a data inaugural do movimento punk pois foi quando formou-se, em Nova York, a banda Ramones. Sua primeira aparição no circuito underground foi no bar CBGB, que, por esta razão, tornou-se o berço e ponto de encontro do punk rock.

Em meio a esse cenário de transformações nasceu, em 1º de abril de 1974, Henrique Aranha Fogaça, na cidade paulista de Piracicaba. Quem o conhece sabe o quanto esse painel da década conta sobre ele: Henrique se tornaria músico, punk, contestador e um grande admirador dos Ramones. Aliás, ao longo de sua trajetória, o destino de Henrique e o dos Ramones se manteria ligado em vários momentos.

* Movimento de contestação social que teve seu auge nos anos 1960. Pode ser definido como uma cultura alternativa que visava romper com os valores dominantes, pregando a liberdade individual e inovando hábitos e estilos. Era contra as guerras e almejava a mudança da sociedade como um todo, com intensas críticas sociais. Mudanças de atitude e protestos políticos faziam parte desse comportamento. A ideia era de uma maior integração cultural e humana.

Sob o signo de Áries, no decorrer da infância e juventude, Henrique foi revelando seu caráter criativo, generoso, determinado, vigoroso e apaixonado pelos seus ideais.

A PIRACICABA DO MENINO HENRIQUE

NOS ANOS 1970, Piracicaba já era um centro açucareiro com indústrias satélites e foi considerada uma das cidades de maior desenvolvimento do país. Isso não a impedia de continuar sendo um lugar agradável e cheio de belezas naturais preservadas, como o Horto Florestal de Tupi, reserva que pertence à Mata Atlântica, com partes reflorestadas com eucaliptos; o Balneário de Ártemis, de águas sulforosas, e o Parque Professor Philippe Westin, pertencente ao campus da Esalq.

João Gilberto e Maria Luisa, pais de Fogaça, começaram a vida em um apartamento na Avenida Armando Salles de Oliveira, onde nasceu a primeira filha, Raquel, em 1970. Em 1972 veio Guilherme, e, religiosamente dois anos mais tarde, o caçula Henrique, que nasceu na residência da Rua Doutor João Sampaio, no bairro de São Judas.

Mais tarde construíram uma casa em Nova Piracicaba, bairro um pouco distante do centro, onde o casal João Gilberto e Maria Luisa imaginou passar o resto da vida. O lar era perfeito para a família, com um quarto para cada um dos filhos.

Dos três filhos, Henrique era o que tinha a saúde mais delicada: nasceu alérgico e, com dois meses, desenvolveu uma bronquite. Certa vez, precisou até ser internado: a mãe conta que ele ficou desidratado porque não conseguia mamar. Os médicos achavam que ele estava com problemas respiratórios e não desconfiaram de uma infecção no ouvido. "Nesse sentido, foi o filho que deu um pouco mais de preocupação, porque os irmãos não tinham essa fragilidade". As crises prosseguiram até os 2 anos de idade. Em compensação, depois dessa fase, Henrique tornou-se uma criança cheia de energia.

Maria Luisa era mãe em tempo integral. Tinha uma casa bem estruturada, com empregada e babás que a ajudavam. Mesmo assim, costumava buscar as crianças na escolinha e levá-las nas atividades esportivas. Também gostava de cuidar pessoalmente da alimentação dos filhos.

No início do ensino fundamental, a mãe admirava a letra de Henrique, que já era bonita. Lembra com saudade dos episódios quando o filho chegava da escola e, antes do jantar, se acomodava à mesa da cozinha com os cadernos para fazer a lição de casa:

– O que você vai fazer, Henrique?

– Vou fazer a tarefa.

– Mas porque agora? Faz amanhã de manhã.

– Não, quero fazer agora, porque depois quero brincar.

Para decorar o caderno, já tinha o hábito de desenhar caveiras e aranhas. Mas, verdade seja dita, a animação vinha mesmo quando a refeição era servida: "Sempre comia de boca cheia, com grande prazer", ressalta a mãe.

Para os Fogaça, a educação dos filhos era levada a sério. A começar pelas tão preciosas palavrinhas mágicas ensinadas pela mãe: *desculpe*, *por favor* e *obrigada*, que passaram a integrar com naturalidade o comportamento das crianças. "Eu os ensinei a tratar as pessoas da mesma forma como gostariam de ser tratados."

FÉRIAS NA CIDADE MARAVILHOSA

UMA SITUAÇÃO QUE DEMONSTRA o lado glutão do pequeno Henrique ocorreu em um passeio ao Rio de Janeiro com a família. No almoço, foram a um restaurante giratório no terraço do edifício Santos Dumont, localizado no 45º andar. Era a sensação do momento: o primeiro estabelecimento da América do Sul com vista panorâmica de 360 graus da Cidade Maravilhosa. Todo imponente, o maître chegou falando sobre as requintadas possibilidades do menu e o menino Henrique, que tinha apenas 4 anos, não quis saber: foi logo pedindo com firmeza – "eu quero arroz, feijão, carne e ovo" – o prato que continua preferindo a qualquer outro no cotidiano.

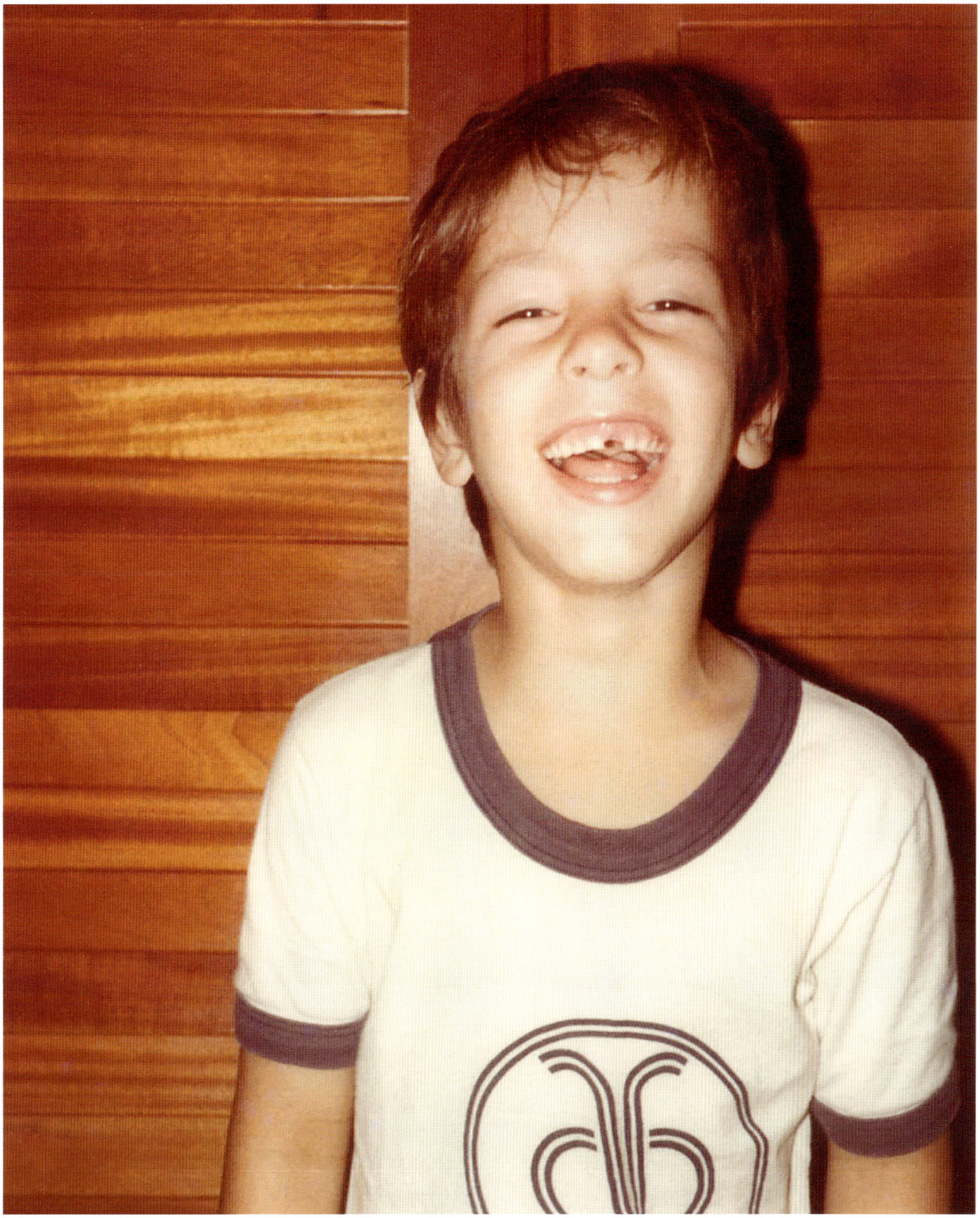

© ARQUIVO PESSOAL

Henrique aos 5 anos de idade.

PAI E FILHO

EM DIAS ENSOLARADOS, João Gilberto aproveitava para fazer passeios de bicicleta com os filhos no Parque Professor Philippe Westin, da Esalq. Henrique sempre teve um pai presente. Ele se recorda, por exemplo, de quando ganhou a primeira Caloi Berlineta. Foi o pai que o ensinou a andar, tirando as rodinhas e segurando atrás da bicicleta até ele se sentir seguro. Seu pai também se lembra como se fosse hoje.

"'Você está segurando, pai?' Ele perguntava isso o tempo todo. E eu respondia: 'Eu tô, eu tô'. Eu ia atrás da bicicleta correndo e apoiando. Uma hora eu soltava e dizia que ainda estava segurando e, sem saber, ele continuava bem, numa boa. Bastava falar que tinha soltado, ele titubeava e caía. Como é psicológico isso, não é?", conta seu João Gilberto sorrindo, com um carisma que contagia a todos. Henrique sempre admirou a bondade do pai. Solícito, está sempre disposto a contar novas histórias e a ajudar no que estiver ao seu alcance, o que revela, de cara, algumas das características que o filho puxou do pai.

O bairro residencial de Nova Piracicaba era perto do rio, mas a relação com a água já não era mais a mesma que a da infância do pai. Agora as crianças nadavam e inventavam brincadeiras na piscina. Os pequenos aproveitavam também para se esbaldar na rua sem saída em que moravam. Os irmãos jogavam com os amigos, deixando muitas vezes a bola cair na casa do vizinho, andavam de patins.

Também faziam seus próprios brinquedos, com a ajuda dos pais: bastava um pedaço de madeira, um serrote, alguns pregos e rolamentos de aço para montar um dos passatempos infantis mais radicais dos anos 1970 e 1980, o carrinho de rolimã. Com ele era possível desafiar ladeiras, apostando corrida. Sobravam alguns arranhões, joelhos e cotovelos esfolados. Mas quem ligava para isso? Sacudiam a poeira e continuavam inventando peripécias de moleque na rua. "Às vezes a gente pulava o portão de uma casa

HENRIQUE SEMPRE TEVE UM PAI PRESENTE. ELE SE RECORDA COM CARINHO DE QUANDO GANHOU A PRIMEIRA CALOI BERLINETA. FOI O PAI QUE O ENSINOU A ANDAR.

abandonada para subir numa goiabeira. E era uma guerra de goiaba podre para todo lado. Como eu era menor, às vezes a turma queria me zoar, coisa de moleque, mas era uma relação boa entre os irmãos e os amigos na infância." Desfrutavam a gostosa liberdade de morar numa cidade pequena. "Meu filho não tem a autonomia que eu tinha na idade dele", comenta Fogaça.

CARINHO SAINDO DO FORNO

ERA COSTUME AS CRIANÇAS passarem as férias escolares na casa dos avós maternos Liliza e Francisco, que ficava em Águas de São Pedro. "Tomávamos aquelas águas sulfurosas, fedidas, com cheiro de ovo, que são boas para várias doenças", lembra Fogaça, referindo-se às águas medicinais do local, mundialmente conhecidas. As sulforosas são muito procuradas para tratamento de reumatismo, diabete, alergias, asma, inflamações, intoxicações, colites e problemas de pele.

Os primos se juntavam para fazer passeios a cavalo numa área verde de 14 mil metros quadrados, cercada de árvores centenárias como jacarandá e pau-brasil, acompanhados pelo guia Cajuba.

Jogavam bola na grama do Grande Hotel Águas de São Pedro e usavam a sua piscina. A avó Liliza estava sempre por perto, acompanhando os netos.

O feriado da Páscoa era geralmente celebrado em Águas de São Pedro. Reuniam-se todos os primos – Marcelo, Renato, Bia, Mariana e Juliana – o irmão Guilherme, a irmã Raquel e os tios, entre eles o tio Fran (já falecido), de quem Fogaça gostava muito. À noite, cada um se dedicava a fazer seu ninho com jornal num canto escolhido da casa. Acordavam cedinho para ver se o coelhinho da Páscoa tinha colocado o ovo e a mágica estava lá, só esperando o sorriso das crianças para brilhar num gesto de reciprocidade. "Era bem legal, a gente era novo, ingênuo, tenho uma boa recordação disso."

O gosto de provar quase de tudo desde pequeno e, posteriormente, de cozinhar, Henrique herdou das avós. Sua avó Liliza preparava um rosbife delicioso, receita da família desde os tempos da bisavó Alzira, temperado com duas horas de antecedência com noz-moscada, ervas, cebola e alho. Depois, era colocado direto no queimador do forno para selar. Quando assava ficava rosado, com aquela crosta deliciosa e, como se não bastasse, ela fazia um molhinho com o suco da própria carne. Uma das comidas que Henrique jamais esqueceu.

Ela também costumava fazer um creme de pão maravilhoso, em que combinava leite, presunto e ervas, o acompanhamento tradicional das festivas datas familiares. Ao se lembrar, Fogaça fica com água na boca até hoje. O mesmo acontece quando recorda o sabor dos ovos nevados e do pudim de leite, preparados com igual primor. Esses e outros pratos estão preservados nos cadernos de receitas da família e têm um valor emocional para o chef. Ele já reproduziu mais de uma delas no programa *MasterChef* da TV Bandeirantes, no qual é jurado.

Sua avó paterna, dona Flora (esposa de Joel, falecido em 1982), que morava em

© ARQUIVO PESSOAL

/ A avó Liliza.

Piracicaba, não deixava por menos. Quando iam visitá-la, todos aguardavam ansiosamente o preparo de sua famosa pizza, de massa crocante, com um delicioso molho caseiro de tomate, muçarela e manjericão, fazendo jus ao seu sangue italiano. Era única!

O aroma do lanchinho da tarde era o do bolo cascudo, como Henrique gosta de chamá-lo. Na verdade é uma *kufa* – ou cuca, como é chamada no sul do país – preparada pela avó com esmero, afundando uvas-passas cuidadosamente na massa e cobrindo com uma farofa que depois de assada forma uma crosta irresistível. Não sobrava nada. "Eu gostava muito desse bolo; chegava lá e ela já estava com ele em cima da mesa, polvilhado com canela e cravo".

O AROMA DO LANCHINHO DA TARDE ERA O DO BOLO CASCUDO, A KUFA PREPARADA COM ESMERO PELA AVÓ.

Mas visitar o velho casarão dos avós tinha também um ar de suspense. Maltratado pela ação do tempo, era a mesma casa localizada perto do rio Piracicaba na qual o pai havia morado até os 27 anos e que fora lar do bisavô, o seleiro João de Andrade Fogaça. Compunha aquela construção centenária costumes antigos como o penico que o avô Joel ainda guardava embaixo da cama para usar à noite, fazendo voltar a um tempo em que os banheiros eram fora de casa. As crianças estranhavam muito, mas davam risada.

Mas o que elas achavam sinistro era o porão escuro cheio de teias de aranha... Acreditavam que de lá poderia sair alguma assombração. Desciam, olhavam e saiam correndo em disparada.

Nos fundos da casa, havia uma horta e uma goiabeira. Às vezes cismavam de brincar ali, mesmo sabendo do risco de serem atacados pela Laica. "Era a cachorra velha dos meus avós, que era meio cega, meio vesga." O perigo fazia parte do jogo.

As experiências não tão agradáveis com Laica e outros cachorros bravos ficaram longe de ser um impedimento para o menino Henrique gostar dos cães. Na casa dos pais, sempre teve.

Um deles foi o Zorro, um boxer muito simpático, que os acompanhava nas inúmeras peripécias, em Piracicaba. O propício nome aventureiro era uma alusão ao personagem que fez parte do imaginário infantil e adulto do final dos anos 1950 até os anos 1970. Quem viveu essa fase deve se lembrar muito bem do justiceiro Don Diego de La Veja, que se tornava o herói mascarado e usava sua espada para defender o povo da Califórnia. Ao lado de seu fiel escudeiro, o surdo-mudo Bernardo, eles estavam sempre fugindo do sargento Garcia. O cão Zorro era um companheirão, mas foi morar na fazenda de um compadre de seu João Gilberto, em Mato Grosso. Acabou ficando agressivo e atacou alguns bezerros. Morreu picado por uma cobra.

Aos 8 anos, em 1982, o menino Henrique soube que seus dias na pacata Piracicaba estavam contados. O pai, que havia trabalhado na mesma empresa por 15 anos, a Mausa, recebeu uma tentadora proposta

© ARQUIVO PESSOAL

/ Joel e Florentina, avós paternos, em Piracicaba, nos anos 1980.

de trabalho. A Zanini, empresa de equipamentos pesados de Ribeirão Preto, convidou-o a assumir a diretoria de açúcar e álcool.

Não foi fácil para João Gilberto tomar a decisão de mudar de emprego aos 40 anos. Suas raízes estavam em Piracicaba, assim como seus amigos. Mas sabia que um bom profissional precisava se lançar em novos desafios.

A notícia não teve tanto impacto para os irmãos quanto para Henrique, como destaca mãe. “Na hora, ele não falou nada. Com 8 anos, não é que a gente acha que a criança está entendendo e não está se importando!” O menino adorava a escola, era apegado aos amigos e flertava com uma menina que se chamava Alessandra, seu primeiro amor. “Eu queria namorá-la, imagine, chamava a menina de bicho bom, bicho bom, bicho bom!”

Ficou processando essas perdas. Alguns dias depois aconteceu uma cena que a mãe não esquece. Era final de tarde, ela estava vendo televisão sentada no sofá e o pequeno Henrique brincava no chão, ao seu lado. “Aí ele virou a cabecinha, olhou pra mim com os olhos cheios de lágrimas e falou: ‘Eu não quero me mudar daqui, não quero mudar de casa, não quero morar em Ribeirão’”. Provavelmente aquilo era uma súplica, uma tentativa de transformar o destino e continuar naquele lugar, tão familiar para ele. “Mas a gente tem de mudar, filho, porque o papai precisa ir trabalhar lá, vai ser melhor para todos nós.” A mãe abriu os braços e acolheu o filho no colo, consolando-o.

CREME DE PÃO DA VOVÓ LILIZA

4 PORÇÕES

RECEITA DE FAMÍLIA

- 6 pães franceses amanhecidos
- 1 litro de leite integral
- 1 cebola pequena picada
- 1 dente de alho
- 1 *bouquet garni* de ervas de sua preferência
- 1 colher (sopa) de manteiga
- sal e pimenta-do-reino moída na hora
- 1 fatia de presunto magro com 2 cm de espessura
- salsinha picada

1. Pique os pães grosseiramente e coloque de molho no leite. Reserve.
2. Refogue a cebola picada, o alho e o *bouquet garni* na manteiga. Tempere com sal e pimenta-do-reino. Quando estiver bem dourado, retire o *bouquet garni*, passe o refogado de temperos para o copo do liquidificador e bata.
3. Junte os pães amolecidos no leite ao tempero e continue batendo até obter uma massa homogênea.
4. Leve a massa para a panela e cozinhe em fogo brando, mexendo constantemente, até desaparecer o gosto de leite (caso seque antes disso, acrescente água pouco a pouco) e ficar bem cremoso. Junte o presunto picado em cubos e a salsinha e sirva bem quente.

Dicas do chef

Este creme acompanha pratos como rosbife e carne louca.

ROSBIFE DA BISAVÓ ALZIRA

4 PORÇÕES

RECEITA DE FAMÍLIA

- **1 cebola**
- **4 dentes de alho**
- **1 peça de filé-mignon (cerca de 1 kg)**
- **ervas a gosto (tomilho, alecrim, sálvia)**
- **1 pitada de noz-moscada**
- **1 e 1/2 colher de sal**
- **pimenta-do-reino branca moída na hora**
- **azeite suficiente para untar a peça de carne**
- **1 colher (sopa) de farinha de trigo**

1. Pique bem a cebola e o alho. Tempere a peça de filé com uma mistura da cebola, o alho, as ervas picadas, a noz-moscada, o sal e a pimenta branca e deixe descansando por 2 horas.
2. Retire a bandeja inferior do forno e aqueça-o em fogo alto. Coloque a assadeira com a carne untada com azeite diretamente sobre o queimador do forno. Sele bem a carne de todos os lados, virando a peça com uma pinça (não use garfo para evitar fazer um furo por onde pode escorrer o suco da carne). Deixe o filé no forno por cerca de 30 minutos, no máximo.
3. Retire a carne do forno e coloque em uma travessa para descansar.
4. Junte água à borra que se acumulou no fundo da assadeira para fazer um molho. Leve ao forno e engrosse com farinha de trigo. Coe, se necessário, e junte à carne.
5. Sirva imediatamente. Acompanhe com o Creme de Pão da Vovó Liliza.

Dicas do chef

Para saber o ponto de excelência do rosbife aperte a carne: se ela oferecer alguma resistência, está pronta.

FRANGO ENSOPADO COM POLENTA DA VOVÓ FLORA

4 PORÇÕES

RECEITA DE FAMÍLIA

PARA O FRANGO

1 frango de cerca de 1 kg
1 colher (sopa) de vinagre
sal
3 dentes de alho
1 cebola
cheiro-verde a gosto
óleo para fritar
salsinha para decorar

PARA O MOLHO

1 kg de tomates bem vermelhos
1 colher (café) de açúcar
1 colher (café) de sal

PARA A POLENTA

2 litros de água
1 colher (sopa) de manteiga
1 colher (sopa) rasa de sal
cerca de 400 g de fubá

1. Corte o frango em pedaços e tempere com vinagre, sal, alho amassado, cebola batidinha e cheiro-verde. Deixe descansar com o tempero por 30 minutos.
2. Retire o frango do tempero; coe e reserve o líquido que sobrar. Prepare uma panela com óleo suficiente para fritar e, quando estiver quente, frite os pedaços de frango até ficarem dourados. Vá colocando o frango frito em outra panela. Quando terminar, jogue sobre o frango o tempero coado e leve ao fogo para cozinhar mais um pouco.
3. Prepare o molho: corte os tomates, retire as sementes e bata no liquidificador. Passe pela peneira e leve ao fogo com o açúcar e o sal.
4. Quando o molho estiver encorpado, jogue-o sobre o frango e leve ao fogo até que o frango amoleça. Junte água, se necessário.
5. Para preparar a polenta, ferva a água com a manteiga e o sal. Antes de levantar fervura, junte o fubá aos poucos, mexendo o tempo todo com uma colher de pau, até obter uma consistência firme. Quando ferver, abaixe o fogo e deixe cozinhar por mais 10 minutos até ficar bem cremosa.
6. Para servir, coloque um pouco da polenta em um prato e, por cima, acomode uma porção do frango e regue com o molho. Decore com salsinha.

BIFE EMPANADO

4 PORÇÕES

RECEITA DE FAMÍLIA

- 600 g de filé-mignon
- sal e pimenta-do-reino a gosto
- 5 ovos
- 200 g de farinha panko
- óleo para fritar

1. Corte o filé em 4 bifes e abra com a ajuda de um martelo para carnes. Tempere com sal e pimenta-do-reino.
2. Bata os ovos com um garfo. Passe os bifes no ovo batido e, em seguida, na farinha panko. Repita o processo duas vezes.
3. Frite os bifes em uma frigideira de inox com óleo bem quente. Sirva com uma salada de folhas variadas.

KUFA

4 PORÇÕES

PARA A COBERTURA

- **1 xícara (chá) de farinha de trigo**
- **1 xícara (chá) de açúcar**
- **1 colher (sopa) de canela em pó**
- **1 colher (sopa) de manteiga**

PARA A MASSA

- **4 ovos**
- **200 g de margarina**
- **4 xícaras (chá) de açúcar**
- **1/2 litro de leite**
- **4 xícaras de farinha de trigo**
- **2 colheres (sopa) de fermento químico em pó**
- **1 pitada de sal**
- **uva-passa sem semente passada na farinha de trigo a gosto**

RECEITA DE FAMÍLIA

1. Misture os ingredientes da cobertura com os dedos até formar uma farofa. Reserve.
2. Bata as claras em neve e reserve.
3. Prepare a massa batendo as gemas, a margarina e o açúcar na batedeira até ficar cremoso. Depois, com uma colher de pau, misture o leite aos poucos, intercalando com a farinha de trigo, o fermento, o sal e as claras em neve.
4. Unte uma assadeira retangular grande com manteiga e farinha de trigo e coloque a massa. Sobre a massa, com os dedos, afunde uvas-passas à vontade. Em seguida, coloque a farofa sobre a kufa. Asse por 40 minutos ou até que, espetando um palito, ele saia limpo.

OVOS NEVADOS

4 PORÇÕES

5 ovos
cerca de 1 litro de leite
7 colheres (sopa) de açúcar
cravo e canela em pau

RECEITA DE FAMÍLIA

1. Bata as claras em neve (utilize a batedeira) até o ponto duro e acrescente 2 colheres (sopa) de açúcar. Reserve.
2. Em uma panela com boca larga, deixe ferver meio litro de leite e coloque as claras previamente batidas moldadas em pequenas porções por uma colher de sopa (para ficar no formato de "ovos") para cozinhar no leite quente por cerca de 4 minutos. Coloque as porções de claras cozidas em uma travessa ou compoteira grande. Reserve o leite que ficou na panela.
3. Bata as gemas com 5 colheres de açúcar até o ponto de gemada. Complete o leite que ficou na panela até dar o equivalente a meio litro e acrescente as gemas batidas. Leve a mistura ao fogo, acrescente o cravo e a canela e mexa sem parar até engrossar, tendo o máximo cuidado para não deixar ferver. Se preciso, mantenha ao lado uma bacia com água e gelo para choque térmico.
4. Junte esse creme com cuidado às claras. Depois de frio, leve à geladeira até ficar bem gelado.

Dicas do chef

O segredo para as claras não desandarem é bater os ovos na temperatura ambiente, nunca gelados.

O RECOMEÇO EM RIBEIRÃO

"CALIFÓRNIA BRASILEIRA"

A primeira atividade econômica de Ribeirão Preto foi o café. A cidade, que fica a 315 quilômetros de São Paulo, chegou a ganhar o título de capital mundial do café em 1900. Depois da crise de 1929, a cultura do café foi aos poucos substituída pela da cana-de-açúcar. Novamente Ribeirão se viu entre os primeiros, desta vez no *ranking* de maior produtora mundial de açúcar.

A região desenvolveu-se ainda mais com base nas usinas para o beneficiamento da cana e nas destilarias. O Proálcool, programa mantido pelo governo brasileiro de 1975 a 1989 que incentivava a utilização do álcool anidro como aditivo à gasolina, foi mais um evento que impulsionou o desenvolvimento do município.

O potencial próspero da cidade se estendeu aos setores do comércio, do serviço e de outras indústrias, como a Companhia Cervejaria Paulista, fundada em 1910, e a Companhia Antárctica, muito importantes para o desenvolvimento urbano e que hoje pertencem a grandes grupos cervejeiros.

Essa atmosfera promissora, que tornou Ribeirão um importante polo no ramo de agronegócios e na área de bioenergia e biotecnologia, foi o incentivo para João Gilberto apostar em uma vida nova com a família. Mas, talvez, o que tenha encantado mais o pai de Henrique em termos de qualidade de vida foram as inúmeras possibilidades de estar ao ar livre com as crianças. Havia parques como o Prefeito Luiz Roberto Jábali e o Maurílio Biagi, o Bosque Zoológico Municipal e a atividade cultural da cidade.

MUDANÇA E NOVOS AMIGOS

AO SE INSTALAR, no início de 1982, a família logo sentiu que o bairro residencial de Ribeirânia era muito agradável e tranquilo. Além disso, tinha boas escolas e era de fácil acesso para as rodovias. Não é para menos, pois fora escolhido a dedo pelo pai em suas viagens para resolver os procedimentos da transferência.

No novo lar, a vida seguiria seu rumo. Logo começaria o período letivo - as crianças já estavam matriculadas para estudar no colégio cristão Vita et Pax, e as amizades viriam com naturalidade.

O que representava uma preocupação para Maria Luisa - a casa ter pouco ou nenhum convidado no aniversário de Henrique, que já era em abril, justamente ele, que sofrera tanto com a notícia da mudança - logo se dissipou. Maria Luisa, envolvida com as preocupações de mãe, esquecia-se de que o filho tinha o dom nato de fazer amizades. Seu jeito acolhedor e atencioso com as pessoas

© ARQUIVO PESSOAL

Henrique (o primeiro da direita para a esquerda, de bicicleta) com uma turma de amigos em Ribeirão Preto.

resultou na casa cheia de crianças correndo, para alívio da mãe e a felicidade do menino.

Desde os primeiros dias Henrique também já estava brincando na rua de novo e pintando o sete. "A gente fazia guerra de mamona, sabe mamona, pé de mamona?" As novas gerações talvez desconheçam esse fruto verde, de formato espinhoso, que machucava doído quando jogado contra o corpo do adversário. A guerra de mamona era uma brincadeira bastante comum entre a molecada. Uma curiosidade é que a mamona é usada para preparar um laxante muito popular, o óleo de rícino, chamado assim por conta do nome científico da planta, *Ricinuscommunis L*. O gosto era horripilante, mas dificilmente uma criança escapava de tomá-lo.

As brincadeiras ainda eram inventadas, e não compradas nas lojas de brinquedo e games. Pegavam na enxada e construíam rampas nos terrenos baldios do bairro, que se transformavam em pistas de *cross* para manobras com as bicicletas. Nos dias de vento, era a vez de empinar pipas, que eles mesmos produziam com papel de seda, para depois dar muita linha no carretel, fazendo com que alçassem voo alto, lançando-se no céu. Às vezes acontecia de serem roubadas, pois alguns meninos usavam cerol, uma mistura de cortante de pó de vidro e cola de madeira empregada para cortar a linha de outras pipas.

Até os 13 anos, a vida passou assim. O menino perdeu as contas de quantos tombos levou de bicicleta. Um dia foi atropelado. "Estava apostando corrida numa ladeira, passou um carro e me pegou. Voei longe, desmaiei, fui acordar no hospital." Levou vários pontos na orelha.

Em outra ocasião foi empinar a bicicleta – o que ele sempre adorou fazer – e ela acabou virando e caindo. Um parafuso do canote entrou bem na perna. A mãe estava sem carro na hora e quem o socorreu, levando-o para o hospital, foi o verdureiro da perua Kombi que estava ali de passagem. Dessa vez foi mais grave: dezessete pontos, sete internos e dez por fora.

Com Henrique, sempre tinha um cachorro por perto. Eles muitas vezes o acompanhavam nas brincadeiras, como o Brian – um doberman, que o pai acabou dando para outra pessoa quando ele tentou avançar no menino – e o Catatau, um maroto fox paulistinha, alegre e agitado.

"ESTAVA APOSTANDO CORRIDA NUMA LADEIRA, PASSOU UM CARRO E ME PEGOU. VOEI LONGE, DESMAIEI, FUI ACORDAR NO HOSPITAL."

A formação religiosa que os pais católicos planejavam para seus filhos envolvia o catecismo e a Primeira Comunhão, passar a receber a sagrada Eucaristia e, em seguida, afirmar o batismo e a sua fé com a Crisma. A família Fogaça frequentava a Capela Estigmatinos, ligada à Congregação dos Sagrados Estigmas de Nosso Senhor Jesus Cristo, fundada em Verona, em 1816. A igreja ficava no Jardim Sumaré. Henrique não preservou o hábito de ir à missa, mas não renega a educação cristã. "Pode-se dizer que sou católico, acredito no meu Deus de uma forma abstrata. Para mim,

Deus é o céu, é grandioso. Quando quero alguma coisa, olho para cima, peço, oro à minha maneira. O meu lado espiritual está ligado ao universo."

GAROTO ATLÉTICO

ENERGIA, FORÇA E AGILIDADE eram características que faziam com que Henrique se desenvolvesse muito bem nos esportes. Ele e Guilherme praticavam judô e natação. A irmã, Raquel, que não era muito dada aos esportes, dedicava-se ao balé. Aos 12 anos passou a jogar tênis representando o Clube Recreativa em torneios e ganhando campeonatos. "Sempre gostei de esportes em geral, embora seja meio perna de pau no futebol, dou canelada nos outros... Mas quando eu me proponho a realizar alguma coisa eu me dou bem." Fez muitas amizades no clube, algumas delas se mantém até hoje. É o caso de Índio, Danilo, Marcelo e Panda, que jogavam tênis com ele todos os dias. Acompanhou os Jogos Olímpicos da década e vibrou com as medalhas de ouro conquistadas no judô, nas Olimpíadas de 1984, em Los Angeles, e de 1988, em Seul; e na natação, na de 1984.

No caminho a pé de volta do tênis, o garoto costumava provocar um cachorro que estava preso do outro lado do portão – o cão ficava enlouquecido. Um dia o dono soltou o cachorro bem na hora que Henrique estava passando. O cão caprichou na mordida – levou sete pontos no braço. Mais um acontecimento que reflete a atração de Henrique pelos cães. Para o bem ou para o mal, eles estão sempre por perto.

NOS TEMPOS DE REBELDIA

A DÉCADA DA METAMORFOSE

O início dos anos 1980 viu o fim da ditadura militar no Brasil. Em 1983, acabaria o mandato do presidente Figueiredo e começaria a abertura política. Foi quando as manifestações em prol da democratização geraram o movimento das Diretas Já.

Com sua memória musical, Fogaça se lembra dessa fase aludindo ao gênero que passou a ouvir, o punk rock. Quando Tancredo Neves assumiu a presidência, ainda por meio de eleições indiretas e logo morreu, em 1985, esse mal explicado acontecimento seria relatado na música da extinta banda brasiliense de crossover, a BSB-H, uma mistura de hardcore punk com thrash metal, formada em 1986. Seguindo essas referências, registraria na memória o Plano Cruzado do presidente Sarney, que era o vice de Tancredo, como "Plano Furado", pois era assim que a Ratos de Porão, uma de suas bandas brasileiras prediletas da década, o definiria na música do disco chamado *Brasil*:

> Deu tudo errado!
> Plano Furado
> Deu tudo errado
> Novo Cruzado
> [...]
>
> O sistema monetário
> Sempre muda pra pior
> O pobre fica bem mais pobre
> E o rico vai pra melhor
>
> Não dá certo, não
> Não dá certo, não
> [...]
> (Trecho de *Plano furado II*, Ratos de Porão)

Ao longo da década, a juventude passa a exercitar esse status de liberdade de expressão, gerando diversos movimentos culturais e musicais criativos e irreverentes.

OS EMBALOS DE SÁBADO À NOITE

NAS BALADAS DAS DANCETERIAS conviviam pessoas de diversos estilos, desde seguidores da moda vibrante cítrica do new wave aos divertidos cabelos *mullet* (curto na frente, em cima e dos lados, e longo atrás), passando pelos depressivos góticos vestidos de preto e os punks de cabelo moicano. Todas as tribos se encontravam, aproveitando o individualismo da nova fase. Comemoravam juntos no bar, apreciando drinques e bebidas à base de frutas e de baixo teor alcoólico, como o cuba libre (coca-cola, rum e limão), o hi-fi (vodca, laranja e gelo), o gin-soda (gin, suco de limão e soda) e o *keep cooler* (à base de vinho branco, suco de uva e suco de morango), o antecedente das bebidas ice de hoje.

Como todo adolescente da época, Henrique jogava videogame e torcia fervorosamente por Ayrton Senna, maior ídolo do automobilismo brasileiro nos anos 1980 e tricampeão mundial de Fórmula 1. E, claro, curtia as baladas da *night* e tinha sua turminha. Aliás, uma não, várias.

Uma delas era composta por um de seus melhores amigos até hoje. Quando foi fazer o ginásio no Sistema COC de Ensino, conheceu o Edu, Eduardo Correa Grisi, que desde o primeiro momento sempre esteve ao seu lado. Formado em administração, hoje Edu mora em São Paulo: "Eu acompanhei várias fases do Henrique: skate, início do punk, chef (risos)".

A turma em que andavam, formada por outros amigos e amigas do colégio, estava sempre junta e fazia os programas corriqueiros de adolescentes: paquerar, namorar, se agitar nas danceterias. Com eles, o apelido de Henrique era Stanley. Fino e comprido como um palito, assemelhava-se a um dos personagens da série *O gordo e o magro*. "O Henrique sempre foi um cara de conhecer muita gente, desde moleque era carismático, muito fácil de fazer amizade, autêntico em tudo", conta o amigo Edu.

A convivência com essa galera despertou em Henrique a paixão por Anelise, a primeira namorada. Por sua vez, Edu namorava com a amiga dela, a Ju, o que facilitava com que saíssem todos juntos para se divertir. Aos domingos, costumavam ir ao Clube Recreativa, na Avenida Nove de Julho, quadrilátero onde havia outras casas, como a danceteria Sunshine, também frequentada por eles. Henrique, que era menor de idade, não queria perder as noitadas por nada. "Para poder entrar, falsifiquei minha carteirinha da escola com caneta Bic, mudando o ano de nascimento, achando que estava enganando... o porteiro, seu Agostinho, olhava, olhava, devia sacar, mas me deixava passar."

AVESSO ÀS REGRAS

NO INÍCIO DA ADOLESCÊNCIA, Henrique era bem arteiro na escola. Gostava de se sentar nas últimas carteiras da sala de aula, brincar de jogar bolinhas de papel nos colegas e não prestava muita atenção na aula. Foi reprovado duas vezes, na quinta e na sétima séries, por ser um pouco indisciplinado e não ter muita paciência para estudar. Seu jeito agitado não o fazia parar quieto na carteira.

Vira e mexe encontra alguém para reavivar as memórias do passado, até aquelas de que nem se lembra mais. Certa vez, no final de 2015, quando Fogaça gravava em Ribeirão um episódio do programa *Rolê do chef*, do canal Home and Health de TV a cabo, um senhor se aproximou:

– Ei, você não é o Henrique Fogaça?

– Sou – respondeu com seu jeito direto.

– Você não se lembra de mim?

– Não.

– Fui seu professor de Biologia. Você dava um trabalho na escola, hein? Sentava lá no fundão, só causava! E o que você foi virar! Eu assisto ao programa *MasterChef*.

O professor parecia surpreendido por um aluno tão peralta e desatento ter chegado aonde chegou. O incômodo que sofria com a bagunça que conturbava a aula não o impediu de observar o caráter determinado e desbravador que mudaria no futuro a trajetória do ex-aluno.

Essa maneira própria de ser já dava os sinais de que ele seria, na adolescência, mais rebelde do que os irmãos, opondo-se a alguns valores tradicionais da família. "Por algum motivo, acho que fui contra o que eles esperavam de mim; eu queria mais liberdade, ser diferente, tinha talvez essa repressão de ter de ser daquele jeito."

“SEMPRE FUI MEIO BICHO SOLTO, DE BUSCAR UMA IDENTIDADE MINHA, DE NÃO QUERER ME ENCAIXAR EM UM MODELO IMPOSTO”.

Por causa da educação formal que recebera, Maria Luisa, mãe de Fogaça, era muito apegada às normas de etiqueta. Cobrava dos filhos um comportamento muito regrado, de acordo com a educação conservadora que tivera, e que, por vezes, tolhia a espontaneidade. Na hora do almoço, por exemplo, todos tinham de estar reunidos pontualmente às 12h15, impecáveis, para fazer a refeição juntos. Começar a comer antes que todos estivessem servidos, falar de boca cheia ou colocar os cotovelos à mesa, nem pensar. Era inflexível nestes aspectos. Essa rigidez fez com que o Henrique começasse a se rebelar.

Mais tarde, percebeu que era um excesso de zelo e que algumas dessas regrinhas de bom comportamento acabaram sendo incorporadas à sua vida social. “Sempre fui de buscar uma identidade minha, de não querer me encaixar em um modelo imposto, meio bicho solto”.

CONTROVERSOS 15 ANOS

TENTANDO DAR UM RUMO para o filho rebelde, o pai decidiu que Henrique precisava trabalhar. O trabalho seria uma forma de ocupá-lo com pensamentos mais práticos e que lhe mostrassem a realidade da vida. O primeiro emprego foi de office boy. Depois, seguiu com o emprego em almoxarifado e, em seguida, foi trabalhar na imobiliária de um amigo do pai, emprego no qual ficou quase um ano.

Henrique fazia vistoria de imóveis. Saía com um caderno para anotar o estado do piso, das paredes, era preciso descrever em detalhes a situação do imóvel. Depois voltava para a imobiliária e datilografava tudo. Sentia um pouco de tédio, mas cumpria as tarefas que lhe eram determinadas.

Ver o muro de Berlim cair, em 1989, foi uma quebra de paradigmas para muita gente, o que deu novas perspectivas aos jovens, inclusive Henrique. A mola propulsora que colocou fim à divisão entre o Ocidente capitalista e o Oriente comunista foi acionada pelo processo de abertura iniciada por Mikhail Gorbachev, último líder da União Soviética. A ruptura causou profundas transformações sociais e políticas no planeta e se presenciou a desintegração em cadeia dos regimes comunistas do Leste Europeu e o fim da Guerra Fria. Por outro lado, o capitalismo e a sociedade de consumo se fortaleceram e o mundo se tornou mais interligado.

Para a felicidade de Henrique, essas mudanças repercutiram também na música: tinha acesso a mais discos de bandas desconhecidas no Brasil. Aos poucos, tomou gosto em ouvir bandas de death metal, subgênero extremo do heavy metal.

Na composição desse universo mais radical entrou também o skate. Com 10 anos, ele já fazia suas manobras, mas foi aos 15 anos que assumiu o esporte, arriscando *ollies* e diversas manobras complicadas, conquistando seus *upgrades*. O skate era seu meio de transporte alternativo: às 7 da manhã já estava surfando no asfalto, descendo a Avenida Nove de Julho para chegar à escola, completando os dez quarteirões. A atitude combinava com seu novo estilo de vida, o punk, em que uma das vertentes musicais era exatamente o skate punk, um gênero musical ligado a essa cultura considerada marginal e com estereótipos negativos. Caía muito, torcia o pé, mas, como sempre foi destemido, esses pequenos acidentes não o abalavam.

Todos os dias Henrique via passar a pé, em frente ao COC, o colégio em que estudava, um cara de cabelo moicano e cheio de tatuagens. Por um tempo, observou com curiosidade aquela figura, e cada vez mais aquele visual exótico despertava a sua curiosidade de garoto desafiador. Decidiu, então, conhecer o lugar em que os punks se encontravam. Era um quarteirão que ficava numa rua paralela a Nove de Julho, onde havia uma concentração de bares como o Sessão das seis e Noite sem pressa.

Lá estava Kelsen, o moicano que o havia inspirado a procurar os punks. Vendo o menino espreitando ali, meio sem jeito, acolheu-o e o ajudou a se enturmar, dando-lhe logo o cognome de Tiliu.

Seguindo os hábitos da turma, fez questão de customizar suas roupas. Assim, era ele mesmo que, com seu lado artístico, uma camiseta lisa e pincel atômico, reproduzia as ilustrações das capas de discos de que gostava. Também colocava *patches* e alfinetes na calça. "Sentava à mesa, apoiava a camiseta, pegava a capa do disco, ia olhando e desenhando."

Naquele quarteirão se encontravam punks de regiões próximas. Ali tomavam vinho Sangue de Boi e pinga com limão enquanto ouviam e trocavam ideias sobre música. De vez em quando rolava um conflito, pois o lugar em que eles se reuniam também era ponto de encontro de skinheads (os "cabeças raspadas", com ideias de extrema direita) e de headbangers ou metalheads (cabeludos fãs de heavy metal, com princípios parecidos com os dos punks). Em geral, os conflitos eram com os skinheads, mas as rixas ocorriam entre todas as turmas. Nessa época, esses afrontamentos eram corriqueiros em qualquer centro urbano. Na capital paulista, por exemplo, era intensa a rixa entre cabeludos e punks.

"SENTAVA À MESA, APOIAVA A CAMISETA, PEGAVA A CAPA DO DISCO, IA OLHANDO E DESENHANDO."

Certa vez, Kelsen, para proteger Henrique, meteu-se numa enrascada com um cabeludo chamado Washington, filho de traficantes. A mulher de Washington acabou cortando as costas de Kelsen com um caco de vidro e foram parar no hospital. "A gente sempre tinha de ficar ligado, na espreita, pois de vez em quando rolava uma confusão por conta dessas disputas."

Os punks não perdiam a oportunidade de serem ativistas: na ocasião das eleições fizeram passeatas com o lema: "Vote nulo, não sustente parasita". Desses protestos participavam cerca de cinquenta pessoas, às vezes até mais. A polícia só acompanhava, não reprimia, pois, como fez questão de ressaltar Fogaça, "era uma manifestação sem bagunça, só íamos com as faixas e dando aqueles gritos no ar, sem violência, mas protestando".

Era natural que o som punk passasse a ser o seu predileto. Começou a curtir bandas nacionais como Ratos de Porão, Inocentes, Restos de Nada, Tropa Suicida, Cólera e a internacional Ramones, famosas no cenário punk da época. "Comecei a me identificar com as letras punks; algumas tratavam de questões políticas e sociais que me moldaram e me mudaram."

Fogaça revisitou o quarteirão dos punks no final de 2015, gravando para o seu programa *200 Graus*. Lá encontrou Kelsen, que é vocalista da banda Distúrbio Mental. Juntos eles se lembraram do primeiro contato de Henrique com o ritmo e os hábitos punks.

LIVRO DE CABECEIRA

PARECE QUE UMA PROFUSÃO de coisas, em várias esferas da sua vida, aconteceu com Henrique aos 15 anos. Assim como a música, as tatuagens passaram a fazer parte de seu estilo de vida. Ficou louco para fazer uma nessa idade. Todos os seus grandes ídolos roqueiros eram tatuados. Pediu a autorização para a mãe, mas ela negou, apesar da insistência. Sem a autorização, o dono do estúdio de tatuagem da cidade, o Rui, não podia realizá-la.

Porém, certa vez, no local onde reunia-se com a turma, surgiu a oportunidade de realizar o sonho antes dos 18 anos. Estava no quarteirão dos punks, que frequentava aos sábado, quando estacionou um furgão todo pintado escrito "tatuagens". Era um tatuador que vinha de Cabo Frio e estava de passagem por Ribeirão e que não se importava com permissões legais. O garoto pensou: "É hoje!" Indo contra as regras impostas pela mãe, escolheu um desenho que achou legal: um pequeno escorpião preto, fácil de fazer, e que em termos práticos seria o sinal verde

Da esquerda para a direita: Guilherme, a mãe, Maria Luisa, e Henrique.

para o tatuador de Ribeirão aceitar fazer as outras. O lugar era bem escondido, um cantinho do quadril.

Na semana seguinte foi ao estúdio de Rui e mostrou o escorpião, dizendo que a mãe tinha permitido. O tatuador, então, consentiu em fazer a segunda: uma caveira com uma teia de aranha, inspirada na tatuagem do amigo Moita, também punk. Gostou tanto que foi fazendo outras: a caveira que era o logotipo da banda punk The Exploited nas costas, uma tribalzinha, que estava na moda, no braço...

Teria continuado com as tatuagens naquela época se não fosse por sua mãe, que foi ao estúdio e acabou com a festa: disse diretamente ao Rui que não era mais para fazer.“Cada vez que ele aparecia com uma tatuagem era um escândalo em casa. Na nossa família eu já falei: está todo mundo proibido de fazer tatuagens pelas próximas dez gerações, porque ele já fez suficientes para todo mundo!”, conta a mãe.

Não obstante as broncas da mãe, as tatuagens continuaram sendo impressas e até sobrepostas, como se fossem um livro em constante concepção. “Fui me tatuando de acordo com cada fase, com coisas que faziam sentido para mim naquele momento. Quando não tinham mais a ver, eu substituía, portanto minhas tatuagens representam o que eu sou.”

JUVENTUDE TRANSVIADA

NESTA FASE PUNK ROLOU uma preocupação muito grande por parte dos pais. No meio das muitas discussões, Henrique, com 16 anos, acabou indo passar uns tempos na casa da avó Liliza. Depois do falecimento do marido, o avô Francisco, ela passou a morar num apartamento que mantinha em Ribeirão. "Levei o meu aparelho de som, meus discos e meu skate."

Desde a infância Henrique tinha uma identificação muito forte com a avó materna. Foi muito bem acolhido durante os três meses que ficou por lá. Henrique estudava durante o dia, e à noite ia para casa. Ela fazia aquelas comidinhas simples do dia a dia, arroz, feijão, bife acebolado, ovo frito com gema mole. "Quer saber? É a minha refeição preferida até hoje." Conversavam muito, ela aproveitava para dar conselhos, como se recorda Fogaça. "Falava coisas de avó, tipo: 'Filho, ouve seu pai, sua mãe, eles querem seu bem, eles gostam muito de você'".

Entre os 17 e 18 anos, ensaiou a formação de uma banda. Na adolescência tocara violão e depois teve uma bateria. Aos 18, formou com uns amigos a Pineapple Face. Perdeu a vaga quando foi viajar para fora do país, na volta o grupo já tinha colocado outro baterista em seu lugar.

A maioridade chegou e, com ela, a obrigatoriedade de se alistar no Tiro de Guerra, o órgão de formação da reserva do Exército Brasileiro, que em Ribeirão fica na Vila Elisa. Seu corpo atlético o fez ser selecionado. Henrique reconhece que a experiência foi marcante, com lições de disciplina que ficam para a vida.

Tinha de chegar às 6 da manhã em ponto, de segunda a sábado, e ficar lá por duas horas, depois voltava para casa. A cada 15 dias era convocado para garantir a manutenção e segurança do quartel por 48 horas. Como todos os seus companheiros de turma, teve aula de cidadania, armamento, primeiros socorros, tecnologias sociais, entre outras atividades. A obediência às regras não era uma escolha, mas uma obrigação. "Aprendi muito e fiz muitas amizades que encontro até hoje em Ribeirão."

MOCHILÃO NA EUROPA

APÓS A CONCLUSÃO do ensino médio, os irmãos Fogaça foram para o exterior estudar línguas: Raquel estudou na Alemanha; Guilherme e Henrique foram para Londres em anos diferentes.

A viagem de Henrique foi em 1996. Ficou por três meses na Inglaterra e outros três viajando pela Europa. Na capital britânica, viveu numa área suburbana.

Além da experiência de estudar e poder praticar todo o tempo o inglês, por lá aconteceram também várias situações engraçadas.

Próximo à casa em que se hospedou, havia um pub com uma mesa de snooker que estava ali bem a calhar – quando frequentava a sétima e a oitava séries, no COC, faltava muito à aula para ficar jogando sinuca na esquina, no bar do Baiano. Participava, inclusive, de competições. Então não resistiu e entrou no campeonato que o dono do pub estava organizando, competindo com os ingleses.

Da esquerda para a direita: Raquel, João Gilberto, Maria Luisa, Henrique, Guilherme e Liliza.

Henrique conseguiu chegar à final, concorrendo justamente com o dono do bar, uma figura bem esquisita, gordão, barbudo, baixinho, dentes de ouro e correntes no pescoço. O homem ganhou de Henrique na final, mas, pela ousadia e pelo segundo lugar, deu-lhe uma graninha. "Foi muito engraçado, eu, um brasileiro, um monte de inglês no pub, a música e a cerveja rolando e a tacada de snooker também."

Sua alimentação na casa em que morava era à base de batata, feijão-branco, bacon e carne. Sentia falta do arroz e do feijão-carioca nosso de cada dia. Seu cotidiano era ir para a escola e, em seguida, para o pub. Ia sozinho para as baladas de rock nas casas noturnas da Trafalgar Square, praça no centro de Londres onde está o monumento em homenagem à vitória da Marinha Real Britânica nas Guerras Napoleônicas.

DEPOIS DE MUITO PROCURAR, ENCONTROU NA COZINHA PROFISSIONAL UMA SATISFAÇÃO VERDADEIRA.

Em um desses dias de balada, estava esperando um *night bus* na praça depois de ter bebido muito. Percebeu que uns ingleses estavam rondando por lá, provavelmente para assaltá-lo. Ficou esperto e saiu andando, em direção a uma loja de conveniência. Quando entrou na loja e olhou para trás, viu que não era neura, os caras ainda estavam de prontidão do lado de fora. Ficou mais um pouco, mas pensou, "seja o que deus quiser". Saiu, entrou em uma rua escura e, felizmente, encontrou um daqueles táxis pretos, o *minicab*, entrou e pediu que seguisse para casa. Essa foi uma daquelas noites de apuros.

Fora esses percalços, o saldo foi de boas recordações, inclusive das amizades que fez com suíços, palestinos, sírios e até brasileiros. Por um bom tempo continuou mantendo contato com esse pessoal.

Nos três meses seguintes colocou a mochila nas costas e foi conhecer outros países. Ficou cinco dias em Roma. Em uma das noites, ao voltar para casa pelas ruas estreitas depois de encontrar com amigos italianos em um pub, deu-se conta de que tinha perdido o cartão de crédito. Ficou nervoso e nisso um italiano veio em sua direção cruzando a rua, possivelmente querendo assaltá-lo. Chegou falando *ciao*, *ciao* e Henrique, irritado, gritou: "Filho da puta, roubaram minha carteira, meu cartão de crédito, o que você quer?" Diante daquele cara careca, forte e tatuado gesticulando e gritando coisas que o italiano não deve ter entendido, mas com certeza intuiu que ali o mar não estava para peixe, atravessou a rua e saiu correndo.

Esperou dois dias para conseguir o cartão novo e poder continuar a viagem. Passado o perrengue, seguiu para Amsterdã, na Holanda, Zurique, na Suíça, Viena, na Áustria, e para a Alemanha. Lá fez questão de visitar o que restou do muro de Berlim, hoje marcado com grafites de artistas, ponto de visitação e um patrimônio local.

Na volta, além da boa experiência de se virar sozinho, trouxe o saldo positivo de estar falando razoavelmente o inglês.

VIDA LOUCA

HENRIQUE VIVIA UM DILEMA: que curso fazer na faculdade se nenhum o atraía? Acabou passando por um teste vocacional, que detectou que ele se daria bem em cursos que poderiam dar vazão à sua veia artística. Por isso, resolveu arriscar a arquitetura, prestou vestibular e passou na Instituição Moura Lacerda, em Ribeirão Preto. Nessa época, namorou a Lucila, de quem gostou muito, por um ano e meio. A relação rendeu uma tatuagem no dedo, em forma de anel. Os garotos a consideravam a menina mais bonita do curso.

Mas do ambiente universitário o que gostava mesmo era das festas. Principalmente as da faculdade de filosofia, em que rolava muito rock'n'roll. Mas acabou abandonando o curso de arquitetura, que também não era sua vocação e foi morar em São Paulo. Na capital paulista Henrique viveria aventuras e desventuras. Mas, depois de muito procurar, encontrou na cozinha profissional uma satisfação verdadeira.

BUSCA INCESSANTE DA EVOLUÇÃO

PAULISTA COM PEIXOTO GOMIDE

O COMEÇO DA VIDA em São Paulo não foi fácil. Todo jovem que vem de uma cidade mais tranquila leva um choque ao chegar à capital. A realidade de uma agitada e tumultuada metrópole, cheia de gente se esbarrando a todo vapor em meados dos anos 1990, deixou Henrique, então com 23 anos, um pouco baratinado. Pelo menos estava muito bem localizado: sua nova morada seria na Rua Peixoto Gomide, nos Jardins, bem próxima da famosa Avenida Paulista.

"DA PAULISTA EU GOSTO DO MOVIMENTO, AS PESSOAS CORRENDO EM BUSCA DE UM SONHO, DO TRABALHO".

Durante o primeiro ano na nova cidade, enquanto se adaptava e formava um círculo de amizades e de locais prediletos, a Paulista seria seu ponto de referência para enxergar, por trás da dura paisagem de concreto, a beleza dos contrastes da cidade.

Teve como ponto de partida monumentos como o Parque Trianon, o mesmo pelo qual passearam as damas da época dos barões do café, com suas fontes e chafarizes e cercado pela vegetação da Mata Atlântica. Se ampararia nas colunas de concreto armado do arrojado MASP, marco da arquitetura do século 20. Ficou fascinado pela transparência do vidro e a leveza da suspensão, que lhe deixavam um amplo vão livre para múltiplas possibilidades. Isso agradava o recém-chegado: "O MASP é um ponto cultural e também o abrigo de questionamentos, como uma passeata, uma reivindicação."

Observava a democrática diversidade de entretenimentos do Conjunto Nacional, onde, desde aquela época, é possível presenciar em frente ao enorme prédio músicos de rua se apresentando e tirando seu ganha-pão das doações dos ouvintes e transeuntes. À época, com a recém-inaugurada linha verde do metrô, que cruza toda a avenida do Paraíso à Consolação, as facilidades de ir e vir eram ainda maiores.

Para Henrique, a Paulista, com todo o seu poder de mutação, é realmente a espinha dorsal da cidade. Essa é uma das razões pela qual ainda mora na região e concentra boa parte das suas atividades por ali. "Da Paulista eu gosto do movimento, as pessoas correndo em busca de um sonho, do trabalho. E também das pessoas praticando esporte, divertindo-se andando de skate ou de bicicleta, passeando com o cachorro, aproveitando a largura de seus calçadões."

Na vizinha Rua Augusta, Henrique encontrou os bares que combinariam perfeitamente com seu estilo de vida e que passaria a frequentar.

Nesse começo, frequentava os shows de bandas de straight edge, um subgênero do hardcore punk que defende a abstinência de álcool e drogas e também o vegetarianismo, o anarquismo, a sustentabilidade e os movimentos ecológicos, dependendo da vertente. Algumas bandas que curtia nessa linha eram as pioneiras Minor Threat e The Abused. Durante um tempo, trabalhou em algumas casas de show desse gênero, fazendo divulgação pelas ruas e colando panfletos nos muros.

Mesmo assim, não deixou de curtir as bandas da década de 1990 que revolucionaram o rock como Nirvana e Alice in Chains, de Seattle, que faziam sucesso com o estilo grunge, com elementos do heavy metal e do hardcore.

Das bandas nacionais, ouvia muito a Planet Hemp, de rap, que se inspirava na cultura negra; o Sepultura, uma mistura dos estilos death e thrash metal, com componentes de música tribal indígena, africana, japonesa e outros estilos, e que foi inspiração para outros grupos e, ainda, a banda Raimundos, considerada uma as principais bandas de rock do Brasil. O nome faz alusão aos Ramones, banda inspiração para os músicos e de que Fogaça também é fã. Como vivia o cenário musical intensamente, foi à primeira edição do festival internacional *Monsters of Rock*, no Pacaembu, em 1994, com a participação da banda americana de skate punk Suicidal Tendencies, que passou a misturar hardcore com thrash metal, resultando no gênero crossover thrash.

Henrique morava com a irmã, com quem sempre teve uma boa relação, e continuava indeciso em relação ao seu futuro profissional. Enquanto isso, precisava batalhar uma grana: os pais pagavam o aluguel do apartamento, mas a mesada era simbólica. Raquel, publicitária, trabalhava na KVA, uma agência de propaganda, e conseguiu para o irmão alguns bicos como supervisor de promotoras de vendas em supermercados.

Depois disso, conseguiu uma ocupação bacana, de atendente na Blockbuster da Rua Estados Unidos, que ficava ao lado de sua casa. Para quem não conheceu, a empresa era uma rede de videolocadoras. No final dos anos 1990, alugar um filme recém-lançado em vídeo (e, quando a tecnologia mudou, em DVD) para assistir em casa no final de semana era um desafio cheio de adrenalina, já que os filmes mais cotados eram muito concorridos e conseguir uma cópia era uma verdadeira odisseia. Os filmes sumiam rapidamente das prateleiras e às vezes era preciso esperar semanas para conseguir alugar um lançamento.

Foi ali que Henrique conheceu a mulher que viria a ser sua esposa. Ela era uma das ratas (ou gatas) de locadora. Estava sempre procurando os lançamentos. "Era uma febre que hoje nem existe mais." Fernanda Corvo morava na Alameda Lorena com os pais e acompanhava os lançamentos na loja. Logo que Henrique começou a atendê-la, ela se interessou por ele, achou-o um gato e se rendeu ao seu olhar sedutor e seu sorriso cativante. Ele, por sua vez, se sentiu atraído pelo charme e pela beleza da garota.

Com a desculpa de procurar novidades no gênero dos filmes densos e dramáticos, seus preferidos, Fernanda ia à loja bater ponto quase diariamente. "Quando ele estava no caixa, eu usava de propósito um cartão de crédito do meu pai que era velho e não funcionava muito bem, só para ter mais tempo e puxar assunto enquanto ele tentava passar o cartão." Num gesto de cumplicidade, o simpático atendente separava os lançamentos de filmes bacanas para que Fernanda não tivesse que esperar para alugar.

Por fim, Henrique tomou coragem e a convidou para assistir a um filme na casa dele. O filme escolhido foi *O profissional* (The Professional, 1994) com o ator Jean Reno, de quem Fogaça é fã. "Nosso namoro começou assim, e esse era nosso programa dos finais de semana." Eles adoravam.

A vontade de estar juntos foi crescendo cada vez mais e logo começaram a namorar sério. Fernanda vinha de uma família mais aberta, portanto os pais não se importavam com as tatuagens do namorado nem com seu jeito punk. Ela havia estudado em colégios alternativos e estava estudando psicologia na PUC. Os pais de Henrique também faziam gosto no namoro, achavam-na bacana para ele.

O jeito extrovertido do namorado despertava os ciúmes de Fernanda ao mesmo tempo que se sentia contagiada e fascinada por ele: "Via coisas muito boas nele, isso foi bem determinante. Eu era mais quieta e com ele eu podia um pouco mais. Até hoje eu o admiro para caramba, mesmo conhecendo todos os seus defeitos".

O moço demonstrava gosto pela adrenalina, era atlético, impulsivo, destemido. Perfeccionista, fazia bem tudo a que se propunha. "A Fernanda era uma pessoa muito tímida, eu a deixei um pouco mais a vontade com o meu jeito expansivo, aprendemos um com o outro, então a gente teve uma relação feliz". Em meio às dificuldades e às diferenças, os dois eram parceiros.

CORPO FECHADO

NO COMEÇO DA CONVIVÊNCIA, Henrique tinha um pouco de receio de Fernanda não gostar das tatuagens, que ainda não eram tantas. Tentou esconder quando estava fazendo o dragão nas costas, mas a moça percebeu e o tranquilizou: ela gostava e achava bonito.

Fernanda já tinha feito uma pequena tatuagem na adolescência. "Para mim era uma coisa legal, meu irmão e minha irmã também tinham." Todavia, por influência do namorado, o mundo das tatuagens passou a compor os seus hábitos.

Quanto a Henrique, nem se fala. Ele sempre adorou o universo das tatuagens e já estampou de tudo no seu corpo, um misto de estilos, entre realista, *comics* e oriental.

Era comum tatuar o rosto de entes queridos ou de artistas com um traço bem realista, quase uma foto. Então resolveu fazer uma tattoo com o rosto da Catherine Zeta-Jones, atriz que ele admirava. Mais tarde, Fogaça tatuou uma caveira por cima.

Um clássico dos anos 1990, as tatuagens de superheróis e vilões dos quadrinhos também foram um sucesso, já que a maior parte das referências que os tatuadores tinham eram os desenhos animados. Fogaça registrou em seu corpo desenhos de palhaços e do Pinguim (personagem do Batman).

Alguns tatuadores, para ampliar seu universo, trouxeram do exterior novos materiais, desenhos e técnicas. Isso aconteceu com as tatuagens orientais, que, segundo a tradição, deviam ser feitas à mão, usando um bambu como agulha. As tattoos orientais são repletas de significados e têm a característica peculiar de poder se unir umas nas outras, como se fossem a trama de um enredo. Simbolizam os quatro elementos: água, terra, fogo e ar. Elas são formadas, muitas vezes, de desenhos coloridos com fundo preto, já que todas as aventuras se passam à noite. É o caso da Hannya, uma das máscaras usadas pelos atores do universo do teatro Nô para espantar as coisas ruins. Henrique, apreciando seu significado e também o universo do Nô, tatuou uma dessas máscaras na perna direita, que ocupa do joelho à panturrilha. É uma espécie de carranca, reconhecida pelos grandes olhos, chifres e dentes pontiagudos.

Henrique tem peônias tatuadas nos braços. São flores que simbolizam riqueza, honra e boa sorte. Tem também a tatuagem de uma serpente, animal que nas culturas orientais representa renovação, fertilidade e a energia da sensualidade. Nas costas, tatuou um dragão oriental, símbolo do equilíbrio e da sabedoria. E, como todo apreciador de rock, as caveiras são recorrentes, como significado de superação e da igualdade entre todos.

Como lembra Henrique, para os marinheiros do século 19 e começo do século 20, que muitas vezes atravessavam continentes e ficavam por um longo período longe de casa, a tatuagem era uma forma de

HENRIQUE TEM PEÔNIAS TATUADAS NOS BRAÇOS. SÃO FLORES QUE SIMBOLIZAM RIQUEZA, HONRA E BOA SORTE.

registrar seus amores e suas aventuras, como se o corpo fosse mesmo um caderno de viagem. Também foi graças aos marinheiros, como os ingleses e os franceses, que o hábito de se tatuar disseminou-se entre outros povos. Henrique tem tatuagens para cada fase importante de sua vida, como em um caderno de viagem dos marinheiros antigos.

FUNCIONÁRIO PADRÃO

UM ANO DEPOIS DE chegar a São Paulo, Henrique iniciou a faculdade de comércio exterior por influência do pai. Rapidamente fez um grupo de amigos. Alguns deles trabalhavam no Banco Real e o indicaram quando abriu uma vaga de emprego no departamento de compensação de cheques.

Como era um ambiente mais formal, ficou com receio de ser barrado na entrevista por conta das tatuagens, apesar de ainda não serem muitas. Fernanda se lembra do episódio: "A gente colocou um anel por cima de uma tatuagem no dedo, compramos uma camisa e uma calça social na loja Colombo... Deu certo e ele conseguiu o emprego". Era assim que ia para o batente.

Esse emprego foi um passo importante para sua independência financeira. Como tinha vários turnos e muitas vezes trabalhava à noite, ganhava dobrado, o que lhe permitiu ter mais condições para o seu sustento, podendo dispensar a ajuda dos pais para pagar o aluguel.

Até aquele momento, o jovem roqueiro ainda tinha encanações com relação a mostrar suas tatuagens e não ser aceito, ainda mais no ambiente corporativo. Por isso andava sempre de camisa fechada.

Porém, um dia, foi convidado para um churrasco em um sítio. Com receio, já tinha decidido que não entraria na piscina e que evitaria que vissem suas tatuagens. Mas, no meio da descontração do ambiente e da cervejinha rolando, a galera resolveu andar de pedalinho no lago. Em um dos pedalinhos entraram Henrique e mais umas quatro pessoas juntas. Quando começaram a pedalar, acabaram caindo na água. Henrique teve de voltar nadando. Foi inevitável:

acabou tirando a camiseta. Apesar de alguns olhares espantados, para sua surpresa a reação geral foi de aceitação, sem as represálias que temia: "Não senti preconceito, não ouvi comentários pejorativos, as pessoas muitas vezes pareciam assustadas, por assim dizer, pelo simples fato de que a maioria das pessoas naquela época não tinha tatuagem, mas nada de ofensa por causa das tatuagens, nem de acharem feio". Pelo contrário, era algo novo, muita gente curtia e dizia parecer uma pintura.

Passado o medo da rejeição, começou a encarar mais abertamente os desenhos de seu corpo. "Nunca fui ofendido por causa das tatuagens, sempre fui tratado com respeito nesse ponto."

"NUNCA FUI OFENDIDO POR CAUSA DAS TATUAGENS, SEMPRE FUI TRATADO COM RESPEITO NESSE PONTO."

As amizades e o salário que recebia foram preponderantes para continuar no emprego. Com a grana do banco, acabou economizando e comprando um carro. Podia também se dar ao luxo de, de vez em quando, ir com Fernanda a restaurantes japoneses, um dos prazeres que o rapaz praticamente recém-chegado de Ribeirão descobriu com a namorada: "A primeira comida diferente que eu experimentei foi a japonesa, para mim era completamente exótica, inclusive sua apresentação. É uma das comidas que eu mais gosto ultimamente".

Nessa época, a culinária japonesa estava caindo no gosto de um público mais amplo, ganhando o paladar do brasileiro e se popularizando. Hoje em dia são servidos sushis e sashimis até em bufês e churrascarias, mas naquela época os restaurantes japoneses eram caros e resumiam-se a poucas casas.

MORAR SOZINHO

HENRIQUE COMEÇOU A MORAR sozinho quando sua irmã, Raquel, casou. O destino a fez conhecer, na Fundação Armando Alvares Penteado (Faap), onde cursava publicidade, Nicolau Moraes Barros. O rapaz, natural de Piracicaba, era neto do senhor Nicolau Moraes Barros, o mesmo que deu o nome à escola de ensino fundamental onde seu João Gilberto estudou. Seu João Gilberto costuma brincar dizendo que ele faz parte da "dinastia dos Nicolau", pois há gerações que esse primeiro nome masculino perpetua na família. Hoje Raquel mora em Dubai com o marido e tem um casal de gêmeos já jovenzinhos.

Para fazer companhia ao namorado e sabendo do amor dele por cachorros, Fernanda lhe deu de presente uma cachorrinha dachshund, raça popularmente conhecida como "salsichinha". Seu nome era Julieta e foi a mascote do casal e xodó de Fogaça até ficar bem velhinha. Foram dezesseis anos de companheirismo, até ela falecer: uma noite o chef chegou de uma festa, às quatro horas da manhã, e percebeu que Julieta estava muito quieta. Mexeu com ela e sentiu seu corpo leve, começou a chorar. A Julietinha, como a chamavam carinhosamente, estava morrendo. "Quando a Fernanda chegou, a gente se abraçou, foi muito triste."

LILIZA, FONTE DE INSPIRAÇÃO

AS COISAS ESTAVAM SE encaixando muito bem na vida: emprego, um bom salário, uma namorada companheira, uma mascotinha. Mas uma situação do cotidiano não estava bem resolvida – a alimentação do dia a dia era à base dos congelados que a mãe enviava de Ribeirão Preto e que Henrique não gostava muito. Em contrapartida, também não lhe agradava comer na rua.

Preparar a própria marmita foi a solução encontrada para esse impasse. Mas como não sabia nem fritar um ovo, ligou para a avó Liliza pedindo ajuda. A primeira receita que ela ensinou foi como fazer o bife empanado perfeito. Depois, vieram aquelas receitinhas básicas, como arroz e feijão, feitos com um temperinho caseiro sem igual. Fogaça reconhece que o primeiro bife empanado talvez não tenha ficado totalmente igual ao da avó, mas comeu com muito gosto. "Só o fato de você tomar a atitude, se arriscar

e fazer, já é muito prazeroso." Sua avó materna ainda conheceria, mais tarde, seus filhos Olívia e João, antes de falecer, em janeiro de 2012: "Sinto saudade dela, ela era muito boazinha, uma avó muito querida."

Henrique começou a passar horas na cozinha, era como uma terapia. Apaixonou-se pelo ato de cozinhar e se lançou na elaboração de pratos novos: "E aí eu repetia as receitas várias vezes para aprender; cozinhar é um processo de repetição".

Tinha satisfação em ir ao mercado comprar os melhores ingredientes. Fez até curso de sushiman para poder preparar a iguaria japonesa em casa e não ter de gastar nos restaurantes, já que eram caros para o seu bolso. A graça também estava em ir à Liberdade comprar os utensílios: hashis, pratinhos japoneses, jogos de nozoki para colocar o shoyu, a faca adequada para cortar o peixe, esteiras de bambu para enrolar o sushi. Passeando em meio às charmosas lanternas vermelhas, atravessando o *torii*, o portal sagrado oriental da Rua Galvão Bueno, garimpava o arroz adequado, o wasabi, o shoyu, as algas tipo nori, o vinagre de arroz, o saquê mirin que conferiria um sabor especial ao molho que tempera o arroz, o *su*, preparado com vinagre, açúcar e sal e cujos elementos a mais dão o toque especial do sushiman. Completava comprando um bom peixe fresco.

A GASTRONOMIA, UM NOVO INTERESSE

JÁ ERA DE SE imaginar que a faculdade de comércio exterior também não seria a sua praia. Assim, as incertezas com relação ao futuro continuavam. Depois de dois anos, deixou o curso mas continuou trabalhando no banco.

A mãe se deu conta de que ele não se encontrava nos estudos. "Eu achava que meu filho poderia ser cantor de uma banda de rock, ser pintor, qualquer coisa ligada à arte." Considerando ser a gastronomia uma arte, Maria Luisa teve a ideia:

- Por que você não vai ser cozinheiro?

- Mãe, você está louca? - Foi a resposta imediata.

À primeira vista, Fogaça julgou o palpite totalmente sem sentido. Apesar disso, ficou matutando sobre o assunto por um mês. Em outra ocasião, durante mais uma das ligações para a mãe pedindo receitas, ela não perdeu tempo:

- Está vendo, você liga direto pedindo receitas, não vê que vai ser infeliz no banco?

Desta vez, percebeu que realmente estava muito envolvido com a cozinha. Por que não se arriscar? Estava infeliz no banco, naquele trabalho automático somando, digitando e grampeando listagens.

No ano seguinte, 2002, já estava matriculado no curso de gastronomia da FMU. Desde o começo se destacou. No segundo semestre já recebia convites de alguns professores para participar de eventos de gastronomia e feiras, fazendo a *mise-en-place* (pré-preparação da cozinha). Desta vez parecia estar no curso certo. Inspirado, testava em casa os pratos que aprendia na escola.

Uma das irmãs de Fernanda, Roberta, era muito festeira. Quando ela se mudou para o mesmo prédio de Henrique, passou a encomendar para o futuro chef os petiscos dos encontros que ela organizava em seu apartamento. Fernanda prontamente o ajudava. "Henrique elaborava o bufê na cozinha de casa e a gente levava no elevador, imagina!" Serviam as comidas em copinhos, o que era uma novidade, e todos adoravam o tempero do ainda aprendiz a chef e o elogiavam.

Para se aprimorar profissionalmente, partiu para os estágios. Mais uma vez a sorte o acompanhou. Sempre dado aos esportes, frequentava uma academia que ficava justamente ao lado do premiado restaurante de cozinha contemporânea do chef Alex Atala, o D.O.M.

Foi na academia que fez amizade com Giovani Carneiro e tomou coragem para pedir uma oportunidade de estágio. O subchef do

"EU REPETIA AS RECEITAS VÁRIAS VEZES PARA APRENDER; COZINHAR É UM PROCESSO DE REPETIÇÃO."

restaurante aceitou de imediato. Ficou por lá cerca de um mês, mas teve de sair porque uma panela cheia de óleo quente caiu acidentalmente em sua perna. A queimadura fez um buraco na pele e o obrigou a ficar semanas parado, de recuperação. Mais tarde, ficou amigo de Atala, que ele admira muito pela técnica, pela criatividade apurada, por investigar novos ingredientes e pelo trabalho que faz pela gastronomia brasileira mundo afora. Mas os amigos têm mais assuntos em comum: as tatuagens e o mundo das motos, coisas nas quais ambos são fissurados.

Depois de se recuperar da queimadura, Henrique prosseguiu fazendo estágios. Foi para o Julia Cocina, da chef Paola Carosella, hoje dona do Arturito e do La Guapa e com quem divide, junto com Éric Jacquin, o júri do programa *MasterChef Brasil*.

Em seguida, passou pelo Laurent, restaurante do chef francês Laurent Suaudeau, fechado em 2004, e que hoje é dono da Escola da Arte Culinária Laurent. Laurent, ao lado de outros chefs franceses, como Claude Troisgros e Emmanuel Bassoleil, praticou, a partir dos anos 1980, uma verdadeira revolução na alta cozinha no Brasil.

Como até a década de 1990 as importações eram proibidas no Brasil, esses chefs tiveram de usar a criatividade, apostando em produtos brasileiros como a mandioquinha, o caqui e o maracujá. Esse movimento culminou, no final da década de 1990, nos alicerces de uma nova cozinha brasileira, formando profissionais com as bases técnicas da cozinha francesa moderna. As universidades passaram a oferecer cursos superiores de gastronomia e muitos jovens chefs brasileiros passaram se destacar. Henrique Fogaça faz parte da nova geração de chefs que bebeu dessa fonte e pensa a gastronomia brasileira no novo milênio.

Sua experiência em estabelecimentos de renome fez com que adquirisse técnica elaborada e conhecesse a linguagem de diferentes cozinhas. Essa bagagem lhe deu suporte para aceitar o convite do publicitário Leonardo, irmão de Fernanda, para desenvolver as receitas para sua kombi de lanches, o Rei das Ruas. Quando começou essa experiência, percebeu que não dava mais para continuar no emprego no banco. Resolveu falar com seu chefe e fazer um acordo para sair. Usou boa parte da grana da rescisão para comprar uma mesa de inox – que ele tem até hoje e está no Sal – para preparar os hambúrgueres e uma moto para fazer as entregas.

O cardápio era composto de sanduíches saborosos, diferentes dos que o mercado oferecia. Entre as opções, pão francês recheado de carne louca, linguiça louca, carne seca acebolada e hambúrguer de picanha, tudo muito artesanal. Para as sobremesas, um toque familiar: uma delas era o pretinho, uma receita dos cadernos das avós, espécie de pudim de chocolate, e o mais que caseiro bolo de cenoura com calda de chocolate. Sucesso!

A kombi ficava estacionada na esquina da Alameda Tietê com a Rua Augusta, no Jardim Paulista. A aventura, que foi sua primeira incursão como pequeno empresário do mundo da gastronomia, durou cerca de seis meses. Leonardo teve uns problemas administrativos com a sócia e resolveu fechar.

Porém, Henrique persistiu. Continuou cozinhando e vendendo sanduíches, bolos e musses em estabelecimentos como cafés e lojas de conveniência de postos de gasolina, onde também deixava os produtos em consignação. Criou a marca Fogar (junção de Fogaça com Aranha, seus sobrenomes), cujo logotipo era uma frigideira pegando fogo. Fernanda admirava essas iniciativas: "Isso de fazer a embalagem, o logotipo e ir em frente já mostrava um pouco do tino comercial dele."

Antes de terminar a faculdade, foi convidado para trabalhar no Na Mesa, restaurante do Shopping Iguatemi, onde ficou por cerca de um ano. Quem o indicou foi a amiga Patrícia Bueno, que gerencia restaurantes.

No ano seguinte, 2005, abriu seu próprio estabelecimento, o Sal Gastronomia, a sua próxima grande aventura.

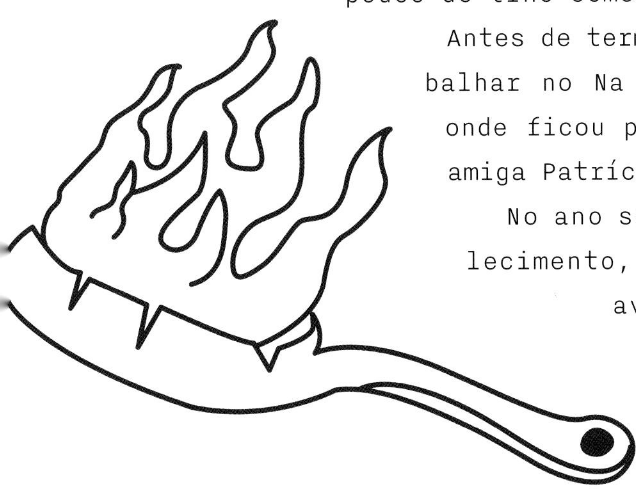

CRESCER, VENCER, PROSSEGUIR

TEMPOS FORTES

Tempos fortes, diria Fogaça, referindo-se ao ataque de terroristas islâmicos às Torres Gêmeas, em Nova York, em 11 de setembro de 2001. O mundo parou, chocado, ao assistir a essa catástrofe que marcou o início do milênio. Em poucos minutos, as torres estavam no chão: "Lembro como se fosse hoje. Tinha saído à noite com uns amigos da Zona Norte, alguns haviam dormido na sala do apartamento. A gente acordou com a televisão ligada, os prédios em chamas, aquela coisa surreal, o mundo parou com aqueles ataques terroristas, foi muito impactante".

O espírito hardcore não deixa esses acontecimentos apenas na comoção. Eles se transformam em um grito de revolta e protesto em suas músicas.

Hamas, Fatah,
Islã na Palestina
Morrer, matar
Por crenças assassinas
Jihad, Alá
Alcorão e covardia
Rezar, orar
Guerrilha na mesquita
Bomba, bala, ódio
E sangue pra fazer carnificina
(Letra de *Faixa de Gaza*, do CD *Tiro na rótula*, banda Oitão)

Observa que, até hoje, a situação não mudou. "Na Europa continuam os atentados terroristas, o mundo está em guerra por questões religiosas e de poder. O ser humano vai se desgastando, se degradando por benefícios próprios."

Sua filosofia punk faz com que não acredite na política em geral. Não botou fé, então, na grande mudança da década, a posse como presidente do Brasil do ex-sindicalista Luiz Inácio Lula da Silva, que governou de 2003 a 2010 e despertou na população um pouco de esperança: "Todo o país acreditava que poderia ser algo diferente, mas não foi. Quem entra se corrompe. Sempre fui contra qualquer tipo de governo, desde os tempos das passeatas punks que fazíamos em Ribeirão". Considera a política do Brasil falida e distorcida, digamos, desde sempre. A impunidade reina.

"SEMPRE FUI CONTRA QUALQUER TIPO DE GOVERNO, DESDE OS TEMPOS DAS PASSEATAS PUNKS QUE FAZÍAMOS EM RIBEIRÃO".

O SAL É O DOM

APESAR DO CENÁRIO APOCALÍPTICO do início do milênio, Fogaça vivia um momento promissor. O sonho de abrir o próprio estabelecimento acabou chegando muito antes do que ele esperava. O telefonema de um amigo, no começo de 2005, acendeu a esperança.

Do outro lado da linha estava o Véio, apelido de Marcelo, amigo de Ribeirão Preto, que agora morava em São Paulo. Ele havia ligado para avisar que tinha falado dele para um colega, Eduardo Brandão, que acabara de inaugurar uma galeria e estava interessado em fazer uma parceria com um chef para abrir um café em uma área vaga do espaço.

Ao desligar o telefone, Fogaça parecia um menino de tão empolgado. Demorou um pouco para entrar em contato com Brandão, pois, novato no ramo, sentia-se um pouco inseguro. Foi Fernanda quem o ajudou a tomar a iniciativa; Brandão de pronto o convidou para conhecer o local. De cara, o espaço já tinha tudo a ver com Fogaça. O lugar era praticamente uma continuação da Avenida Paulista, o quintal da sua casa e seu ponto de referência, a partir de onde tudo acontece.

> **“QUANDO VI O LOCAL PELA PRIMEIRA VEZ, SENTI UM IMPACTO: O ESPAÇO ERA ESTREITO, TINHA UMA PORTA DE ROLO, DESSAS DE FERRO, AS PESSOAS OLHAVAM E NÃO BOTAVAM FÉ.”**

A Galeria Vermelho de Arte Contemporânea tinha uma proposta inovadora de incentivar artistas emergentes e já estabelecidos, envolvendo pinturas, instalações, projeções e esculturas, entre outras formas de arte. Fora idealizada pelos renomados arquitetos Paulo Mendes da Rocha e José Armênio de Brito Cruz, que restauraram e reconfiguraram uma vila de três pequenas casas da Rua Minas Gerais, no final da Avenida Paulista, passando a Rua da Consolação. No fundo da fachada do prédio principal tinha uma praça aberta de 120 metros quadrados. Brandão desejava ter em uma parte daquela área livre um espaço bacana em que os frequentadores pudessem tomar um café e comer alguma coisa.

Brandão e Fogaça se entenderam muito bem e combinaram o negócio. O desafio era montar um café charmoso em um espaço bem pequeno, com cerca de 8 metros quadrados. Logo concluiu que isso não importava, pois ele também não tinha muita pretensão – a intenção inicial não era ter um cardápio elaborado, mas servir sucos e lanchinhos diferentes. "Quando vi o local pela primeira vez, senti um impacto: o espaço era estreito, tinha uma porta de rolo, dessas de ferro, as pessoas olhavam e não botavam fé. Mas acreditei desde o começo, achei o espaço legal para começar. Eu tinha medo, mas acreditava na minha força de vontade de fazer a coisa acontecer, achei que tinha de ser ali."

Outro impasse para fechar o negócio era conseguir o dinheiro do aluguel. Juntou todas as suas economias, inclusive o dinheiro de um carro que tinha sido batido e dado como perdido. Somando tudo, tinha em mãos uns 30 mil reais. Mas não era o suficiente. Decidiu pedir ajuda para os pais.

Seu João e dona Maria Luisa viajaram a São Paulo para conhecer o lugar que tinha encantado o filho. Ambos acharam o lugar isolado e muito compacto. A bem da verdade, não tinham muita certeza, mas resolveram apoiar o filho e emprestaram o dinheiro que faltava. Eles foram os responsáveis pelo pagamento da arquiteta de confiança da família, Juliana Risso, uma profissional competente e antenada de Ribeirão Preto.

A mãe comenta que Juliana criou um ambiente bem descolado. "Pequenino, mas bacana." Idealizou um balcão e prateleiras de aço *corten*, além de uma agradável mesa comunitária, peças que estão até hoje no local, mesmo depois da reforma para ampliação. As mesinhas e cadeiras foram compradas em uma loja de design. Depois de pronto, a mãe reconheceu que o espaço tinha ficado encantador.

Henrique ficou encarregado de comprar os equipamentos de cozinha com a máxima economia. Foi um verdadeiro garimpo. Ao procurar utensílios usados, achou um ferro-velho de peças de inox em Itaquera, na Zona Leste. O dono era o Maguila, um sujeito grande, gordão, que realmente se parecia com o ex-pugilista brasileiro. Lá achou o fogão – o mesmo que ele tem tatuado no braço –, a geladeira que está até hoje no Sal e bancadas refrigeradas usadas. Maguila até fez uma coifa para ele. Com um único pedreiro, reformou o lugar, acompanhando toda a obra e participando da montagem.

O PEQUENO SAL

HENRIQUE REVIVE A EMOÇÃO de abrir as portas do próprio negócio quando se lembra do início do Sal. "Eu tinha medo e um pouco de vergonha de apresentar o que eu fazia." Mas a determinação era maior. Usava sua criatividade, testava os pratos, fazendo e refazendo cada um deles. Seguia seu paladar e intuía que as pessoas não tinham como não gostar. Sua primeira receita foi um suco de limão com manjericão, todo verde, bonito, que está até hoje no cardápio do restaurante.

O espaço ficou bacana – foi decorado com caveirinhas, a marca registrada do chef – e servia uma comida gostosa e bem-feita. "Escolhi o nome Sal Gastronomia porque esse ingrediente é fundamental para temperar a vida."

Eis um nome até pretensioso para quem pensava em servir apenas sanduíches e sucos. O sal pode parecer um tempero trivial nos dias de hoje – qualquer mesa tem um saleiro ou um sachê –, mas por séculos ele foi considerado um artigo de luxo. Isso porque ele não apenas é essencial para temperar os pratos mas é um dos alimentos essenciais para a preservação da vida, como bem gosta de lembrar o chef. O corpo humano precisa dele para transportar nutrientes e oxigênio e também para mover músculos, como o coração.

Acontece que obtê-lo não era tarefa fácil antes da tecnologia da mineração, que só se iniciou no século 12. Era um item tão precioso que cidades como Veneza e Salzburgo desenvolveram-se com base no comércio do sal. Em Roma, como em outras localidades, o sal era um monopólio estatal. Como defender e manter o Império eram tarefas fundamentais, os soldados eram pagos em sal. Vem daí a palavra "salário" e também "soldado", aquele que recebe o pagamento em sal. A palavra "salada" também tem sua origem no italiano. "Insalata", literalmente "salgada", era o nome de um prato no qual os legumes crus eram temperados com sal, vinagre e azeite.

"ESCOLHI O NOME SAL GASTRONOMIA PORQUE ESSE INGREDIENTE É FUNDAMENTAL PARA TEMPERAR A VIDA."

O chef tinha conhecimento de que desde tempos remotos a humanidade pelejara muito para conservar os alimentos – as primeiras geladeiras só surgiram no final do século 19 – e o sal era um de seus recursos. Uma das joias desses tempos antigos é o bacalhau salgado, que virou uma tradição e até hoje frequenta a mesa de vários povos, mas principalmente de portugueses e de brasileiros. Além dele, os queijos e a salumeria também fizeram uso do sal para conservar o leite e as carnes.

No início, o Sal Gastronomia tinha poucos funcionários. Fernanda ajudava a servir as mesas nos horários de pico, ficava no caixa e também comprava os ingredientes no supermercado, pois o volume das compras era pequeno para fazer pedidos em um fornecedor que entregasse no local.

Os produtos mais frescos e diferenciados eram comprados no Mercado Municipal, muitas vezes na madrugada. Essa tarefa, que ficava a cargo de Fogaça, tornou-se para ele um novo estímulo. Era a descarga de adrenalina de que precisava. Dormia cedo, às 21 horas, acordava à meia-noite, pegava a moto e ia fazer compras no

Centro. Esse desafio teve, para ele, um poder transformador. "Quando a gente encontra uma relação saudável com o trabalho, isso se torna um fator libertador das coisas que nos aprisionam. Às vezes estava um frio danado, aquele monte de gente passando para lá e para cá, de caminhão, com aquelas carriolas gigantes que, se você não desviasse rápido, passavam por cima mesmo. Uma vez quase fui atropelado por um carrinho carregado de cajus." E ele ia se embrenhando aqui e ali, desvendando os cantinhos escondidos com a cara e a coragem, brigando por preço, pechinchando, encontrando ingredientes novos. Na época de jabuticaba, por exemplo, chegava bem cedo ao mercado para garantir a compra. A fruta, ingrediente de molhos e caldas, foi parte da infância do chef: havia uma jabuticabeira na casa em que morava em Piracicaba, e ele e os amigos gostavam de subir na árvore e provar daquela bolinha roxa que ficava, magicamente, grudada nos troncos.

"QUANDO A GENTE ENCONTRA UMA RELAÇÃO SAUDÁVEL COM O TRABALHO, ISSO SE TORNA UM FATOR LIBERTADOR DAS COISAS QUE NOS APRISIONAM."

No início, o cardápio do Sal era composto por sanduíches diferenciados, como o de carne-seca com rúcula e tomate e o de legumes confitados (abobrinha, berinjela e beterraba) no pão de miga preto. Servia também salgados e sucos.

A dedicação integral em pouco tempo acabaria fazendo jus ao nome promissor da casa. Um dia, pouco depois do expediente, decidiu que iria servir uma opção de prato no dia seguinte. E assim foi. Depois de um mês da inauguração, começou a servir almoço.

O primeiro prato foi um risoto de açafrão. Toda vez que pensava em oferecer uma receita nova, fazia primeiro para o pessoal da galeria experimentar. Geralmente eles adoravam. Esse era um de seus termômetros. A oferta foi crescendo aos poucos e entre esses pratos inaugurais estava o risoto de carne-seca, queijo de coalho e caju, sucesso até hoje. Preparava também azeites aromatizados, como o de alho. Nas suas bases técnicas estava a experiência adquirida nos estágios. Fogaça se sentia realizado.

Mesmo naquele espaço limitado, o chef elaborava caldos de base da culinária francesa: o de carne, feito de ossos; o de peixe, feito com espinhas e cabeças, e o de legumes e ervas. A ideia era usá-los para compor os pratos que tinha intenção de inserir no menu.

O que pareceu ser uma evolução natural do cardápio, talvez, lá no fundo, já estivesse na cabeça do chef. "Por mais que me arrisque em algumas coisas, sou uma pessoa cautelosa, por isso pensei em começar com os lanches e ir crescendo gradativamente."

A primeira jornalista a ir ao local foi Giuliana Bastos, pelo Guia da Folha, do jornal *Folha de S.Paulo*, cuja matéria, com o título "Pequeno e barato, espaço cativa em galeria", repercutiu muito bem:

> O pequeno restaurante Sal, aberto há cerca de duas semanas no pátio da galeria Vermelho, próxima à Rua da Consolação, foge da tradicional monotonia de cafés e restaurantes de espaços culturais [...] O *menu* surpreende e revela um chef cuidadoso [...].*

Em pouco tempo, o Sal caiu nas graças dos comensais e da crítica gastronômica, inclusive na de Josimar Melo, da *Folha de S. Paulo*.

> Começar devagarinho, até meio escondido, pode ser uma sábia via para quem quer entrar no negócio de restaurantes. Um bom exemplo é o Sal, que já existe desde maio do ano passado, mas que até hoje trabalha calmamente. E dizer que fica camuflado não é exagero. Quem passa na Rua Minas Gerais, no trecho em que ela descreve uma curva antes de acabar, não percebe a existência do Sal, pois não há nenhuma placa [...]. E, na verdade, a ideia inicial era que ali funcionasse uma cafeteria, com um ou outro quitute, em função da galeria. Mas, hoje, com cardápio

* Bastos, Giuliana. "Pequeno e barato, espaço cativa em galeria", *Guia da Folha*, 17 a 23 de junho de 2005.

> de pratos e um público de fora, o Sal começa a ter vida própria como restaurante.
>
> À frente da casa está o chef Henrique Fogaça, [...] criou um repertório de pratos interessantes, também explorando ingredientes brasileiros, que mudam todo dia [...]. Exemplos: [...] salmão com crosta de gergelim.*

Por estar formando sua identidade culinária, Fogaça tinha um pouco de receio da crítica. "Hoje estou muito mais seguro das minhas criações e do meu paladar. Sei que não dá para agradar a todos, mas sempre pretendo estar satisfeito comigo mesmo." Seus ancestrais artesãos, o bisavô João Andrade Fogaça e as avós Liliza e Flora, onde estiverem, devem estar orgulhosos de sua sagacidade.

UM CASAMENTO MUITO CELEBRADO

EM SETEMBRO DE 2005, Henrique e Fernanda, que já estavam juntos havia oito anos, se casaram. O chef chamou para padrinho o seu amigo Edu, de Ribeirão, que mais tarde retribuiu, convidando-o para batizar a filha dele, a Duda, que nasceu em 2013.

Como o pai de Fernanda era muito festeiro, resolveu preparar uma inesquecível comemoração para selar a união do casal. A primeira escolha de local para a recepção foi o bufê Fasano, mas, como estava em reforma, optaram por outro lugar à altura, a Fundação Maria Luisa e Oscar Americano, no Morumbi. "Foi um puta casamento, veio a família dela, minha família, vários amigos, um dia muito bacana."

Passaram a lua de mel em Santiago, no Chile, e aproveitaram para fazer os passeios turísticos tradicionais da cidade, como a visita à La Chascona Casa Museo, que faz parte da Fundação

* MELO, Josimar. "Sal serve bons pratos com discrição". *Guia da Folha*. 3-9 de fevereiro de 2006.

Pablo Neruda. A casa lembra um navio e foi decorada com objetos de várias partes do planeta coletados pelo poeta e escritor. Caminharam propositalmente sem rumo pelo centro histórico da cidade, apreciando suas construções antigas, conhecendo a Plaza das Armas e o Museu Histórico Nacional.

Divertiram-se, principalmente, com o programa predileto de ambos: comer bem. Saiam em busca das melhores empanadas e pratos típicos como o *pastel de choclo* – espécie de torta de milho recheada de carne, *ajíes* (pimentas), cebola, ovos duros, azeitonas e temperos –, prato ancestral da culinária chilena, citado inclusive na obra da escritora chilena Isabel Allende, e o popular *lomo a lo pobre*, que é como o nosso bife com ovos, só que com lombo de porco.

No Mercado Central de Santiago, aproveitaram para comer os mais diferentes frutos do mar, como a centolla, e provar o famoso *caldillo de congrio*, imortalizado por Pablo Neruda. Sempre que visita a capital chilena, Henrique volta ao mercado. Em uma dessas vezes, presenteou o dono de um restaurante com a pimenta que lançou. Em outra viagem, visitando esse mesmo restaurante, o dono se lembrou dele e mostrou que ainda tinha o vidro da pimenta.

Para apreciar a bela vista de Santiago, o casal foi ao Giratorio, restaurante em um salão circular que fica no último andar de um prédio tradicional, próximo à estação de metrô Los Leones, no bairro de Nova Providência, cujo movimento lento revela uma vista panorâmica de 360 graus de Santiago, com a Cordilheira dos Andes e seus cumes de neves eternas como cenário. Henrique se lembrou de uma viagem da sua infância, quando foi com a família em um restaurante no mesmo estilo, no Rio de Janeiro. Brindaram a lua de mel com *pisco sour*, o coquetel nacional feito com pisco, suco de limão, açúcar e clara de ovo.

Claro que não perderam o passeio à encantadora cidade litorânea de Isla Negra, onde fica outra casa em que morou o Prêmio Nobel de Literatura Pablo Neruda e que hoje também é um museu. Henrique e Fernanda voltaram renovados para casa, prontos para realizarem mudanças em seu negócio.

MULTIPLICAÇÃO DAS MESAS

EM POUCO TEMPO, a procura pelo Sal começou a aumentar. Nos fins de semana a fila de espera para ocupar as seis mesinhas era enorme. Tinha chegado a hora de ampliar a casa.

Assim, em 2006 – o ano do nascimento de sua primeira filha, Olívia – Henrique conseguiu com a galeria o sobrado da frente para que o Sal pudesse crescer. Novamente, o projeto ficou nas mãos da arquiteta Juliana Risso.

Como Fogaça não tinha dinheiro para aumentar a casa – o que entrava de capital dava apenas para pagar as contas –, Fernanda pediu dinheiro para o pai, que não colocou obstáculos em entrar com o capital, mas propôs que a filha se tornasse oficialmente sócia do restaurante. E foi assim que a cozinha e o salão do restaurante aumentaram de tamanho e a nova decoração, com poltronas confortáveis e um aconchegante piso de madeira passaram a fazer parte do Sal.

O casal decidiu abrir também para o jantar, a fim de aumentar o faturamento, já que, com a reforma, seria preciso também contratar mais funcionários para a cozinha e o salão.

A cada dia, a experiência fazia o chef apurar seus temperos, suas combinações e a quantidade de comida no prato, embora ainda mantivesse porções generosas. Criava as receitas de acordo com o seu gosto, com a essência que ele acreditava que deveria ter, sem seguir as tendências da moda. Aperfeiçoava a técnica, mas mantinha sua marca registrada – pratos suculentos, crocantes, bem temperados, com equilíbrio e apelo visual, que dão vontade de comer até o fim e pedir mais. Exemplo disso são pratos como o concorrido lombo de cordeiro com purê de dois queijos e molho de jabuticaba e o atum em crosta de gergelim ao molho teryaki, arroz negro, palmito pupunha e tomate, que se tornaram sucessos da casa. "Gosto de comer com os olhos, então minhas criações sempre têm um apelo visual."

Sua dedicação o fez angariar vários prêmios para o Sal Gastronomia: Chef Revelação da Veja, em 2008; Chef Revelação da

Ambiente interno do restaurante Sal.

revista Prazeres da Mesa, em 2009, e o Prêmio Paladar de Melhor Carne de Porco, do caderno Paladar do jornal *O Estado de S. Paulo*, em 2009. Neste, o prato responsável pela vitória foi a copa de lombo com farofa de maçã, quiabo salteado e tomate assado.

As honrarias, pelas quais ele não esperava, representaram para o chef a confirmação de que estava no caminho certo, reflexo de um trabalho verdadeiro, dedicado e bem temperado: recompensas à cozinha criativa e artesanal de Fogaça. O chef é sempre muito exigente com seus cozinheiros, as receitas e seu tempo de preparo tem de seguir o mesmo padrão para que o cliente receba um prato perfeito sem esperar por muito tempo.

CONSELHOS DO CHEF

PARA OS JOVENS QUE se espelham em seu sucesso, ele gosta de dar alguns conselhos. Um deles é a persistência. "Não é fácil ter um negócio próprio, mas é muito importante manter os pés no chão, dar um passo de cada vez."

Nesse ponto, ele fez o que diz, pois começou pequeno, sempre com cautela. Arriscava um pouquinho, o negócio evoluía. Então arriscava mais um pouquinho, tomava um tombo, mas levantava e seguia em frente. Nunca sofreu grandes quedas porque nunca fez loucuras. Sabia até aonde podia ir e tentava fazer da melhor maneira possível para diminuir as chances de errar. Começar grande é complicado, mas é possível crescer aos poucos. "O importante é ter na cabeça que é realmente isso que você quer. Só assim conseguirá se motivar a ponto de não desistir."

Quando pediu demissão e saiu do banco, sabia que não teria volta, tinha de dar certo na gastronomia porque era o que ele

"O IMPORTANTE É TER NA CABEÇA QUE É REALMENTE ISSO QUE VOCÊ QUER. SÓ ASSIM CONSEGUIRÁ SE MOTIVAR A PONTO DE NÃO DESISTIR."

gostava de fazer. Mas, por outro lado, Fogaça alerta que não é para qualquer um. "É um trabalho pesado, tem coifa, fogão, panela quente, a gente se queima, tem de recolher o lixo, aguentar a pressão. As pessoas ficam encantadas com o que veem na mídia, mas quando caem no mercado sentem a tensão e poucos permanecem, porque não é fácil, tem de ter paixão e talento."

CHEF.COM

FOGAÇA FICAVA TÃO ENVOLVIDO com a cozinha que não se ligava em outras coisas, como a onda das redes sociais, que começava a bombar.

Mais antenada com a internet, foi Fernanda quem estimulou Fogaça a usar esse tipo de mídia em benefício do restaurante e em seu próprio. Aos poucos ele começou a usar o Orkut e, depois, o Facebook, o Twitter e o Instagram. Sentiu que era uma forma muito eficaz de divulgar a sua imagem e a do restaurante. Deu-se conta da importância de estar em evidência.

Por outro lado, também ficou encantado com a chance de curtir as páginas de rock e poder acompanhar os grupos de que gosta. "Achava a coisa mais linda do mundo, a gente entrava na página e já lia o que os caras escreviam, podia mandar mensagens para as bandas, era surreal."

Apesar de compreender a facilidade que essa conexão propicia – a de encontrar pessoas que não vemos há muito tempo e informações muito bacanas –, também reconhece o outro lado: a parte negativa de deixar de viver o que realmente importa, que é o contato mais próximo com as pessoas, e só ficar na frente da tela.

ESTÁGIO NA BÉLGICA E CHEF QUENTIN

EM 2008, FOGAÇA CONSEGUIU um estágio na Bélgica, indicado pelo amigo e chef belga Quentin de Saint-Maur. Eles se conheceram logo no início do Sal, quando o chef foi ao pequeno restaurante conferir a casa depois de ler a primeira matéria que saiu no jornal. Quentin se apresentou, disse que era chef e desde então ficaram amigos.

Alguns chefs da geração mais nova podem não ter ouvido falar de Quentin, mas seu restaurante, o L'Arnaque, que ficava na Rua Oscar Freire, foi seguramente um dos mais charmosos e importantes da década de 1990. Grande pesquisador, ele se dedicava a conhecer os ingredientes brasileiros e incentivava a fabricação de produtos tradicionais da culinária francesa, como o *foie gras*, no Brasil. O *confit de canard* que o chef belga servia em seu restaurante era preparado com carne de patos criados no interior de São Paulo.

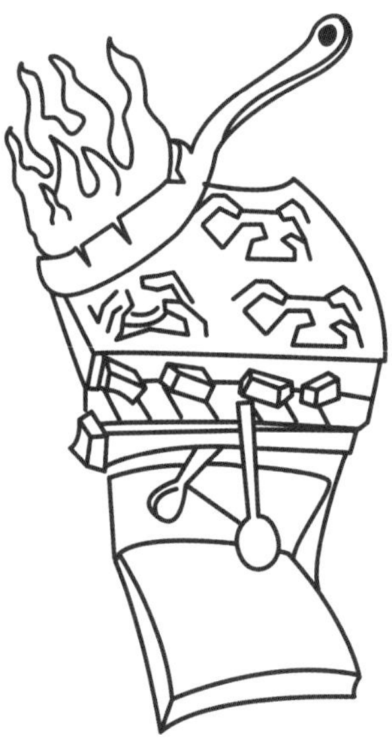

Essa forma de ver a gastronomia, que hoje é moda, era algo natural da personalidade vanguardista de Quentin. Seu bistrô, que depois foi ampliado, era muito bem frequentado. Ali as pessoas procuravam não só a boa comida, mas a simpatia e alegria do dono.

Fogaça respeita muito a trajetória do amigo. "Ele foi um dos primeiros a abrir um restaurante contemporâneo na cidade." Em meados dos anos 2000, Quentin fechou seu restaurante e foi morar em Brasília. Depois, mudou-se para Águas de São Pedro e hoje trabalha como consultor gastronômico. É autor do livro *Muito prazer, Brasil – Variações contemporâneas da cozinha regional brasileira*, lançado em 2002, que conta com sessenta receitas feitas com ingredientes brasileiros.

Num gesto de incentivo ao jovem companheiro de profissão, Quentin intermediou e conseguiu um estágio para Fogaça em Marchin, na Bélgica, no restaurante de Arabelle Meirlae, chef revelação em seu país e que até hoje pratica uma cozinha intuitiva: "Minha cozinha, eu a imagino como a vida: bela, gostosa, crocante, plena de amor e de emoções", declarou Arabelle em uma entrevista. Essa é sua filosofia.

Sendo assim, para Fogaça, foi um prazer trabalhar naquele pequeno restaurante repleto de criatividade e sustentabilidade. "Às vezes a gente saía para colher folhas nas estradas daquela pequena cidade e depois fazíamos um prato com os ingredientes colhidos." Em seguida, fez estágio no moderno Philippe Fauchet, também no interior da Bélgica, em Saint-Georges-sur-Meuse, que usa como base os produtos regionais. "Valeu muito a pena conhecer esses chefs e a oportunidade de ter essas experiências."

"O MERCADO"

FOGAÇA FOI UM DOS pioneiros em divulgar e valorizar a comida de rua em São Paulo. Aliando-se a Checho Gonzales, idealizador do evento "O Mercado", e à organizadora Lira Yuri, os três movimentaram a cidade com barraquinhas itinerantes de chefs de cozinha servindo pratos elaborados a preços populares.

O primeiro evento foi realizado à noite, no pátio do restaurante Sal, com apenas treze barracas e teve tanto êxito que a partir de determinado horário as pessoas não conseguiram mais entrar. Fogaça calcula que mais de mil pessoas passaram – e se espremeram – por lá.

A cada mês, eles realizavam o evento em uma região diferente de São Paulo, como o Mercado de Pinheiros, a Rua Augusta e o Modelódromo, no parque do Ibirapuera. Foram até para outros estados, como o Amazonas.

A ideia do evento era tornar a alta gastronomia acessível a todas as pessoas, inclusive as de baixa renda, e não restringi-la a uma elite. Por isso, praticavam preços mais baixos e ofereciam uma comida diferenciada do trivial que se encontrava pela rua, como os manjados hot-dogs. Ofereciam comida mais elaborada, feitas por chefs.

O evento foi descontinuado em 2015, porque o modelo começou a ser muito copiado e desvirtuado. "A gente colocou em prática uma ideia que funcionou por muito tempo, mas as cópias foram destruindo essa essência, passando a cobrar caro, por isso a gente parou."

COZINHA DE CORPO E ALMA

DEPOIS DE UM ANO de Sal, Fogaça sentiu que finalmente estava seguindo sua vocação. Como as tatuagens sempre marcaram momentos importantes da sua trajetória, ele resolveu aplicar algumas figuras que refletissem o amor pelo *métier*. Inaugurou no braço esquerdo essa linha de *food tattoos* com o seu fogãozinho de quatro bocas, o primeiro do Sal. Depois veio uma panela Fogar pegando fogo, uma cabeça de alho, uma cebola, pimentas, um saleiro e um pimenteiro.

No antebraço, a figura bizarra de um cozinheiro gordo, que também foi estampa de uma camiseta do Sal, completava a afirmação de seus votos. Essas tatuagens de cozinha foram desenvolvidas na linha *new school*, que se caracteriza por serem menos certinhas e mais estilizadas, aos moldes dos grafites de rua.

AMOR ETERNO

ALGUNS COSTUMAM ESTAMPAR no corpo o nome de uma pessoa amada. Mas, de nomes, Fogaça só tatuou mesmo os dos filhos. Com Fernanda, teve Olívia, nascida em 10 de novembro de 2006, e João, que nasceu em 4 de julho de 2008 e adora futebol: "O amor pelos filhos é eterno."

A primeira tatuagem que fez para Olívia foi no peito: um coração com o nome dela, no dia do seu nascimento. Em seguida, também em homenagem a ela, desenhou a figura de uma deusa oriental, Kuan Yin, protetora das crianças, e incentivou Fernanda a fazer uma igual.

Popular no Oriente, Kuan Yin representa, na religião budista, a Bodhisattva da misericórdia e da compaixão. Aquela que ouve os lamentos do mundo. Seu mantra: "Tomo refúgio em Buda, Dharma e Sanga. Abstenho-me de todas as ações negativas de corpo, palavra e mente. Acumulo todos os *dharmas* virtuosos do universo em benefício de todos os seres".

Essa prece tem significado especial para os pais de Olívia, pois seu nascimento é uma história de superações. Ainda recém-

-nascida, ficou doente. O casal dormiu noventa dias no hospital. Descobriram em seguida que ela tinha uma alteração genética, que acarretaria problemas neurológicos e motores. Olívia não fala, não anda e alimenta-se por sonda. Sua síndrome é rara e não foi totalmente identificada até hoje. O sofrimento foi grande e a adaptação, difícil. Fernanda relembra: "O Henrique foi bem parceiro nessa hora, muito carinhoso e sempre teve paciência."

A reação de Henrique foi a de pegar a Olívia no colo, estimular, levá-la para passear, sair para dar uma volta. "Ela me traz muita felicidade. Os meus valores mudaram depois que ela chegou à nossa vida, eu me tornei uma pessoa melhor."

A mãe de Fernanda deu bastante força para o casal, ficando um tempo com a neta para que eles pudessem se organizar emocionalmente e também montar a estrutura para receber Olívia, contratando uma babá e uma cuidadora. Quando Olívia foi finalmente para casa, a família ficou completa.

TOSTADA DE POLVO AO VINAGRETE DE MAÇÃ VERDE E HORTELÃ

4 PORÇÕES

1 maçã verde
1 tomate
50 g de palmito pupunha
azeite, alho e sal a gosto
suco de ½ limão
8 fatias de pão italiano
300 g de tentáculos de polvo
salsinha
flor de sal

RECEITA DO SAL

1. Corte a maçã, o tomate e o palmito em cubos pequenos. Misture os três ingredientes em uma tigela e tempere a gosto com azeite, sal e suco de limão. Reserve.
2. Corte o pão em fatias finas e leve ao forno a 180°C por cerca de 4 minutos.
3. Em uma frigideira, salteie o polvo já cozido com alho e azeite. Acerte o sal e finalize com salsinha picada.
4. Quando as fatias de pão estiverem crocantes, monte as tostadas: cubra a base do pão com o vinagrete de maçã, sobreponha o polvo e regue com mais um pouco do vinagrete. Finalize com azeite e flor de sal.

Dicas do chef

O cozimento do polvo varia de acordo com o seu tamanho. Para as 300 gramas da receita, coloque o polvo na panela de pressão com um copo de água e acrescente uma cebola cortada ao meio. Deixe cozinhar por 17 minutos na pressão.
Você também pode cozinhar o polvo a vácuo: cozinhe submerso por 8 a 9 horas no banho-maria. Reserve o caldo para usar em outras receitas.
O sabor desta tostada é uma combinação do polvo com os demais ingredientes; nesta receita o gosto do polvo é neutro.

CEVICHE DE PEIXE-PREGO

4 PORÇÕES

- 400 g de peixe-prego
- suco de 1 limão
- sal, azeite e pimenta-do-reino moída na hora a gosto
- 1 cebola roxa
- 1 tomate
- ½ colher (chá) de pimentão amarelo
- 1 colher (chá) de gengibre ralado
- 20 folhas de hortelã
- 4 *ciboulettes*

RECEITA DO SAL

1. Corte o peixe em cubinhos. Passe para uma tigela e cubra com o suco de limão e a pimenta-do-reino. Deixe marinar por cerca de 5 minutos (o ceviche usa uma técnica de cozimento no limão).
2. Em outro recipiente, misture os ingredientes restantes cortados em *brunoise* (cubinhos) e acerte o sal.
3. Adicione o azeite, o peixe sem o líquido, misture e ajuste o tempero. Decore com a *ciboullete*.

Dicas do chef

Para obter uma bela apresentação, faça os cortes em *brunoise* de forma que os cubinhos fiquem uniformes. Com a faca bem afiada, primeiro corte a cebola e o tomate ao meio, no sentido do comprimento; em seguida faça cortes paralelos em cada uma das metades na direção da largura; depois mais dois cortes paralelos no comprimento. Por fim, corte em cubinhos no sentido contrário das tirinhas e pronto!

ATUM EM CROSTA DE GERGELIM

4 PORÇÕES

PARA O ATUM

4 postas de atum de cerca de 150 g cada
azeite e sal a gosto
gergelim (preto e branco) para empanar

PARA O ARROZ NEGRO

300 g de arroz negro
3 dentes de alho amassados
½ cebola roxa picada
azeite
sal e pimenta-do-reino moída a gosto

PARA O PALMITO

200 g de palmito pupunha
azeite e sal a gosto

PARA O MOLHO TERYAKI

1 carcaça de salmão
1 cenoura
2 maçãs
50 g de gengibre
100 ml de água
100 g de açúcar
100 ml de shoyu

PARA O MOLHO CHIMICHURRI

15 g de tomilho
15 g de sálvia
15 g de alecrim
45 g de salsinha
½ pimenta-dedo-de-moça
sal, azeite e limão a gosto
2 dentes de alho

2 tomates picados
salsinha picada
azeite e sal a gosto

RECEITA DO SAL

1. Prepare o palmito pupunha envolvendo-o em um fio de azeite e um pouco de sal. Enrole em papel-alumínio e leve ao forno a 180°C por 2 horas. Reserve. Um pouco antes de servir, corte em *brunoise* e esquente em uma panela com um pouco de azeite e sal.
2. Prepare o molho teryaki: Em uma assadeira, leve a carcaça de salmão ao forno a 180°C para dourar. Rale a cenoura, a maçã e o gengibre com casca e tudo. Reserve. Coloque a carcaça, os ingrediente ralados, a água, o açúcar e o shoyo em uma panela, misture bem, e leve ao fogo por 1 hora.
3. Retire a carcaça e deixe o molho no fogo baixo por mais 1 hora. Depois disso, coe o líquido e leve novamente ao fogo para reduzir até o ponto *napé* (para testar o

ponto, mergulhe uma colher no molho. Ao retirar, passe o dedo nas costas da colher: se a marca do dedo permanecer, está pronto).

4. Para preparar o molho chimichurri, pique bem todos os ingredientes e tempere com sal, azeite e limão. Junte dois dentes de alho dourados e reserve.
5. Prepare o arroz: coloque o arroz negro em 500 ml de água fervente e cozinhe por 12 minutos ou até que fique al dente. Escorra, reservando a água. Em uma panela, refogue o alho e a cebola no azeite. Em seguida, acrescente o arroz e um pouco da água reservada. Deixe cozinhar até secar (mais ou menos 3 minutos). Tempere com sal e pimenta.
6. Prepare o atum: Passe as postas de atum em azeite e sal e empane com o gergelim. Leve ao fogo uma frigideira antiaderente com um fio de azeite. Quando estiver bem quente, sele o atum por 30 segundos de cada lado. Retire e corte o atum em diagonal. Reserve e passe a montagem do prato.
7. Misture o tomate e a salsinha picados e tempere com um fio de azeite e sal a gosto. Em um prato grande, monte o arroz com a ajuda de um aro redondo, alternando camadas de arroz negro e de palmito pupunha. Comece com o arroz negro e, entre cada camada, pressione bem com uma colher. Termine com uma camada de palmito (cerca de 1 cm da borda do aro) e coloque sobre ele a mistura de tomate e salsinha. Ao lado, monte o atum cortado em diagonal e acrescente um pouco dos molhos chimichurri e teryaki.

• **Foto na próxima página**

BURRATA COM PESTO DE RÚCULA E TOMATE

4 PORÇÕES

4 burratas
30 ml de azeite
sal e pimenta-do-reino moída a gosto
3 tomates pelados picados
1 limão

PARA O PESTO
óleo
4 dentes de alho
50 g de parmesão
50 g de castanha de caju
1 maço de baby rúcula
sal, azeite e suco de limão a gosto

RECEITA DO SAL

1. Tempere a burrata com azeite, sal e pimenta. Reserve.
2. Prepare o pesto: coloque um pouco de óleo em uma frigideira pequena e doure o alho picado. Transfira para uma travessa funda e acrescente o parmesão ralado, a castanha picada e a rúcula picada grosseiramente. Acerte o tempero com sal, azeite, e algumas gotas de suco de limão. Reserve.
3. Tempere o tomate picado com sal e limão.
4. Monte o prato sobrepondo o pesto, o tomate e a burrata. Sirva em seguida.

PARGO COM PURÊ DE BANANA E MINILEGUMES

4 PORÇÕES

600 g de pargo
sal, azeite e pimenta-do-reino em grãos a gosto
100 g de castanha-do-pará picadas grosseiramente
4 minicenouras
8 aspargos
8 florzinhas de brócolis
8 tomates pera

PARA O PURÊ
4 bananas-da-terra maduras
1 colher (sopa) de suco de limão
açúcar a gosto (opcional)

PARA O MOLHO DE DILL
1 maço de dill
suco de meio limão
15 g de açúcar
sal e azeite a gosto

RECEITA DO SAL

1. Prepare o purê: Coloque as bananas sem descascar em uma assadeira, cubra com água, tampe e leve ao forno a 180°C por 20 minutos. Retire as bananas do forno, descasque-as e, em um recipiente adequado, bata as bananas ainda quentes com um mixer. Se precisar, junte um pouco de água.
2. Transfira o purê para uma panela e leve ao fogo. Acrescente o suco de limão e o açúcar (opcional). Deixe no fogo o tempo necessário para aquecer e sirva em seguida.
3. Tempere o peixe com sal, azeite e pimenta-do-reino e passe sobre as castanhas picadas, formando uma crosta. Leve ao forno por 6 minutos a 180°C.
4. Cozinhe as minicenouras, os aspargos, os brócolis e os tomatinhos no vapor por 5 minutos.
5. Para preparar o molho, bata todos os ingredientes – dill, limão, açúcar, sal e o azeite – no liquidificador e reserve.
5. Para servir, coloque uma porção do purê no centro do prato e, por cima, o peixe. Finalize com o molho de dill sobre o peixe. Distribua os legumes ao redor e sirva imediatamente.

Dicas do chef

Você pode variar os legumes de acordo com o seu gosto.

NHOQUE DE MANDIOQUINHA COM RAGU DE JAVALI

10 PORÇÕES

PARA O RAGU
- 2 kg de pernil de javali
- 2 cebolas cortadas em pedaços pequenos
- 2 cenouras picadas
- 1 maço de salsão cortado em pedaços pequenos
- 1 garrafa de vinho tinto
- 100 g de banha vegetal
- óleo
- 5 dentes de alho picados
- 1 kg de tomate pelado
- 50 g de açúcar
- sal a gosto

PARA A MASSA
- 1,5 kg de mandioquinha
- óleo
- sal a gosto
- 150 g de farinha de trigo
- 500 g de parmesão ralado
- manteiga

Dicas do chef

Para uma boa consistência do nhoque, é necessário se atentar a dois aspectos:

• Cuidado ao levar a mandioquinha para assar; a água na assadeira é só para impedir que ela grude no fundo. Se ficar encharcada, não atingirá o ponto necessário para o nhoque perfeito.

• Um truque para não precisar usar muita farinha para preparar os nhoques é deixar o purê esfriar por pelo menos 8 horas em geladeira.

RECEITA DO SAL

prepare o ragu

1. Desosse o pernil e reserve o osso. Corte a carne em cubos médios.
2. Faça uma marinada batendo a cebola, a cenoura, o salsão e o vinho no liquidificador. Cubra a carne com a mistura e leve a geladeira para marinar por 24 horas.
3. No dia seguinte, leve o osso reservado ao forno a 180°C por cerca de 50 minutos ou até dourar. Tire a carne da marinada e reserve o caldo excedente. Em uma panela grande o bastante para o cozimento, ponha um pouco de banha e óleo e sele a carne rapidamente de ambos os lados, para que ela retenha os sucos. Vá retirando e reservando a carne. Se o fundo da panela começar a queimar, adicione um pouco de água. Repita o processo até selar toda a carne.
4. Retire toda a carne da panela, acrescente o alho e deixe dourar. Retorne toda a carne já selada, o caldo reservado, o tomate pelado, o osso dourado, o açúcar e o sal. Cozinhe por cerca de 4 horas em fogo baixo, mexendo eventualmente.

prepare o nhoque

1. Descasque a mandioquinha e corte em rodelas de 1 cm. Disponha-as sobre uma assadeira, cubra com água suficiente para preencher o fundo, acrescente um fio de óleo e leve ao forno a 180°C por cerca de 1 hora.
2. Passe a mandioquinha cozida no espremedor, repetindo o processo por três vezes. Deixe

o purê esfriar na geladeira. Depois, misture o purê já frio com o sal, farinha e parmesão (não é necessário sovar, só agregar todos os ingredientes).

3. Unte a superfície onde for enrolar o nhoque com farinha de trigo. Faça rolinhos com a massa da espessura de um dedo e corte em pedaços médios com a ajuda de uma espátula. Se a massa estiver grudando, use um pouco mais de farinha.
4. Na hora de servir, doure os nhoques dos dois lados em uma frigideira com manteiga.
5. Coloque o ragu bem quente em um prato fundo e, sobre ele, o nhoque.

Nhoque de mandioquinha com ragu de javali

MAGRET DE PATO AO VINHO DO PORTO, PURÊ DE MANDIOQUINHA, CEBOLA COM CARAMELO DE CAPIM-SANTO E BANANA-OURO

4 PORÇÕES

PARA O MAGRET

800 g de peito de pato
sal a gosto

PARA O PURÊ

600 g de mandioquinha
óleo
100 ml de creme de leite fresco
50 g de manteiga

PARA A CEBOLA CARAMELIZADA

4 cebolas échalote
200 ml de água
100 g de açúcar mascavo
½ maço de capim-santo

PARA O MOLHO DE VINHO DO PORTO

½ cenoura cortada em rodelas
óleo e farinha de trigo
500 ml de vinho do porto

4 bananas-ouro e flor de sal para servir

RECEITA DO SAL

1. Prepare o purê: Descasque a mandioquinha e corte em rodelas de 1 cm. Disponha-as sobre uma assadeira, cubra com água suficiente para preencher o fundo, acrescente um fio de óleo e leve ao forno a 180°C por cerca de 1 hora.
2. Passe a mandioquinha cozida no espremedor, repetindo o processo por três vezes. Deixe o purê esfriar na geladeira.
3. Finalize o purê colocando-o em uma panela com metade do creme de leite e um pouco de manteiga levando ao fogo rapidamente. Retire do fogo e, com a ajuda de um mixer, bata até ficar liso. Em seguida, leve ao fogo novamente com um pouco mais de manteiga, tempere com sal a gosto e misture acrescentando o restante do creme de leite até obter um creme bem liso.
4. Para o molho de vinho, coloque a cenoura com um fio de óleo em uma frigideira de inox e leve ao fogo até soltar o suco. Acrescente um pouco de farinha de trigo – apenas o

Dicas do chef

O magret é considerado a picanha das aves, portanto, para melhor apreciação do seu sabor, recomendo que seja consumido malpassado.

suficiente para engrossar o molho – e misture. Por fim, acrescente o vinho e deixe cozinhar até evaporar todo o álcool.

5. Para preparar as cebolas, cozinhe-as com casca na água fervente por 13 minutos. Retire da água e descasque quando esfriar. Junte a água da cebola, o açúcar e o capim-santo em uma panela pequena e leve ao fogo para engrossar. Desligue o fogo e, quando esfriar, junte as cebolas, deixando-as submersas neste caramelo.
6. Prepare o magret: faça cortes na gordura da carne na forma de jogo da velha sem chegar na carne e tempere com sal. Passe a carne para uma frigideira de inox e sele em fogo baixo até a gordura ficar dourada. Em seguida, leve ao forno aquecido por cerca de 4 minutos. Não é necessário óleo.
7. Para montar o prato, coloque uma porção do purê e um leque de fatias do magret com a gordura voltada para cima. Faça cortes nas bananas sem separar as rodelas e disponha ao lado, junto com uma cebola caramelizada aquecida. Coloque o molho por cima do magret e dê um toque final com a flor de sal.

LOMBO DE CORDEIRO COM PURÊ DE DOIS QUEIJOS, FUNGHI E MOLHO DE JABUTICABA

4 PORÇÕES

PARA O LOMBO
600 g de lombo de cordeiro
flor de sal a gosto

PARA O PURÊ
600 g de batata
100 ml de creme de leite
sal a gosto
150 g de queijo gruyère
150 g de queijo meia cura

PARA O FUNGHI
150 g de funghi chileno
500 ml de água
shoyu a gosto
50 g de manteiga

PARA O MOLHO DE JABUTICABA
500 g de jabuticaba
100 ml de vinho tinto seco
50 g de açúcar
10 g de pimenta rosa
1 maço de sálvia

Dicas do chef

O ponto do *aligot* é como um chiclete: enquanto os ingredientes são acrescentados à panela no fogo, é preciso esperar alguns segundos para que os queijos incorporem. Faça isso algumas vezes até chegar ao ponto correto.

RECEITA DO SAL

1. Prepare o molho de jabuticaba: Esprema as frutas, retirando a casca e o caroço. Leve ao fogo em uma panela com o vinho, o açúcar, a pimenta rosa e a sálvia. Deixe cozinhando por 2 horas em fogo baixo, mexendo de vez em quando. Retire do fogo, coe, e volte ao fogo para reduzir até o ponto desejado.
2. Prepare o purê: Cozinhe as batatas com a casca até racharem (cerca de 40 minutos). Retire-as do fogo e, quando esfriarem, descasque-as. Passe as batatas no espremedor e depois pelo mixer, até obter um purê bem liso. Transfira o purê para uma panela, acrescente um pouco de creme de leite, tempere com sal e misture até ficar um creme homogêneo. Por fim, acrescente os queijos e o restante do creme de leite e bata vigorosamente até dar o ponto *aligot*. Reserve.
3. Prepare o funghi, hidratando-o com água e shoyu. Aqueça a manteiga em uma panela, acrescente o funghi hidratado e misture. Reserve.
4. Em uma frigideira bem quente, sele o lombo de cordeiro temperado com flor de sal por cerca de 2 minutos. Corte em fatias finas e reserve.
5. Coloque o *aligot* no centro do prato e, sobre ele, o lombo já fatiado. Na borda do prato acrescente um pouco do funghi e ao redor do prato disponha o molho de jabuticaba. Finalize com flor de sal e pimenta rosa.

STINCO DE VITELO COM POLENTA E LEGUMES

4 PORÇÕES

RECEITA DO SAL

PARA O CALDO DE PATO

2 carcaças de pato
1 litro de água
sal a gosto

PARA O STINCO

4 stincos de vitela
5 dentes de alho picados
tomilho, azeite e sal a gosto
2 cenouras
2 cebolas
2 maços de salsão
500 ml de vinho branco
caldo de legumes, o suficiente para que o stinco fique submerso

PARA A POLENTA

100 g de farinha para polenta
4 colheres (sopa) de manteiga
caldo de pato

8 minicenouras
4 aspargos
8 ervilhas-tortas

1. Prepare o caldo de pato: coloque as carcaças em uma assadeira e leve ao forno até tostarem. Retire e leve ao fogo em uma panela com água e sal. Deixe cozinhar por cerca de 1 hora e meia, até o caldo ficar com uma cor marrom. Reserve.
2. Tempere o stinco com alho picado e sal e deixe descansar por 30 minutos.
3. Corte as cenouras, as cebolas e o salsão grosseiramente. Prepare um caldo levando metade deles ao fogo em uma panela com um fio de óleo. Quando os legumes começarem a soltar os sucos, acrescente 3 litros de água e deixe no fogo até ferver. Desligue o fogo e reserve.
4. Coloque o stinco em uma assadeira funda e acrescente o restante da cenoura, do salsão e da cebola, o vinho, o tomilho, um fio de azeite e o caldo de legumes até que a carne fique submersa. Cubra com papel-alumínio e leve ao forno por 2 horas e meia a 130°C.
4. Depois de cozido, retire o stinco do caldo de cozimento e reserve. Bata o caldo que sobrou no liquidificador. Coe o molho resultante e reserve.
5. Cozinhe as minicenouras, os aspargos e as ervilhas-tortas no vapor por cerca de 5 minutos ou até o ponto desejado. Reserve.
6. Prepare a polenta: Em uma panela, coloque um pouco do caldo de pato e metade da manteiga.

Dicas do chef

O stinco tem de estar totalmente coberto com o caldo antes de ir para o forno. Não esqueça de cubrir a assadeira com papel-alumínio.

Deixe ferver e acrescente a farinha de polenta. Cozinhe seguindo as instruções da embalagem. Vá adicionando caldo de pato sempre que necessário. Verifique o sal e finalize com o restante da manteiga.

7. Antes de servir, pincele o molho coado e reservado sobre o stinco e leve-o ao forno por 5 minutos. Sele os legumes do acompanhamento em uma frigideira com um pouco de azeite e sal.
8. Monte o prato colocando um pouco de polenta no centro e o stinco por cima. Regue com o molho. Finalize com os legumes.

RABANADA COM CREME INGLÊS DE UÍSQUE E MAÇÃ

4 PORÇÕES

PARA A RABANADA
3 ovos
100 ml de leite
50 g de açúcar
farinha panko
3 g de canela em pó
4 fatias (25 g) de pão brioche
óleo

PARA O CREME INGLÊS
4 gemas
100 g de açúcar
1 fava de baunilha
400 ml de creme de leite
15 ml de uísque Jack Daniels

PARA A COMPOTA
4 maçãs
300 ml de suco de laranja
50 g de açúcar
3 g de canela em pó

Dicas do chef

É preciso respeitar o tempo de descanso e de resfriamento entre cada processo de preparo, caso contrário a gema certamente cozinhará e o creme não ficará homogêneo.

RECEITA DO SAL

1. Para preparar o creme inglês, bata as gemas frias com metade do açúcar até branquear; use um *fouet*. Reserve.
2. Corte a fava de baunilha ao meio, retire todas as sementes e leve ao fogo em uma panela com o creme de leite. Mexa o creme tempo todo para que não ferva. Quando já estiver quente, retire do fogo e acrescente as gemas branqueadas, misturando com o *fouet*. Volte o creme para o fogo baixo por um minutinho, apenas o suficiente para concluir o cozimento da gema e o creme ganhar uma textura mais aveludada (novamente, não deixe ferver). Retire do fogo, deixe esfriar e leve a geladeira. Na hora de servir, adicione o uísque.
3. Para a compota, corte as maçãs em fatias e faça rodelas com um aro redondo pequeno. Reserve. Leve ao fogo as aparas de maçã com o suco da laranja, o açúcar e a canela e deixe ferver. Retire do fogo, bata no liquidificador e peneire. Espere esfriar e adicione a maçã cortada ao líquido já frio.
4. Prepare as rabanadas: Em uma tigela, misture um ovo, o leite e metade do açúcar. Em outro recipiente misture a farinha panko, o restante do açúcar e a canela.
5. Passe o pão na mistura de leite e, em seguida, na mistura de farinha panko. Sele o pão em um frigideira com óleo.
6. Para servir, disponha o creme inglês, a rabanada e o creme de maçã.

SUFLÊ DE GOIABADA

4 PORÇÕES

RECEITA DO SAL

4 claras
400 g de goiabada cascão mole
150 g de requeijão

1. Bata as claras em neve. Com delicadeza, junte 300 g da goiabada às claras.
2. Unte os ramequins com o restante da goiabada, coloque o creme por cima e leve ao forno a 180°C por 10 minutos. Sirva imediatamente. Acompanhe com requeijão.

Dicas do chef

O ponto da clara tem de ser bem firme; para isso recomendo que os ovos estejam em temperatura ambiente.
O suflê deve ser servido assim que sair do forno, para que não murche.
Importante: o forno tem de estar bem quente!

BRIGADEIRO COM SORVETE DE PAÇOCA

4 PORÇÕES

RECEITA DO SAL

PARA O BRIGADEIRO

600 g de leite condensado

50 g de chocolate meio amargo picado

PARA O PRALINÉ

100 g de castanha-do-pará

100 g de açúcar

PARA A CALDA DE CHOCOLATE

100 ml de água

50 g de açúcar

70 g de chocolate meio amargo

30 g de chocolate em pó

4 bolas de sorvete de paçoca de sua preferência

1. Leve o leite condensado e o chocolate ao fogo em uma panela, mexendo com o *fouet* até levantar fervura. Em seguida, peneire e reserve para esfriar.
2. Enquanto isso, pique as castanhas com uma faca e leve ao fogo com o açúcar. Misture sem parar até dar ponto de crocância. Retire do fogo e leve à geladeira até esfriar.
3. Prepare a calda: Leve ao fogo a água e o açúcar até chegar à temperatura de 100°C (se não tiver um termômetro, deixe a calda engrossar um pouco depois que o açúcar derreter). Acrescente os chocolates misturando com a ajuda de um *fouet*. Em seguida peneire e deixe esfriar.
4. Para servir, espalhe a calda no prato e coloque uma colherada de brigadeiro por cima. Disponha uma bola de sorvete e polvilhe com o praliné.

tattoostyle

CHARUTO CROCANTE DE BANANA

4 PORÇÕES

PARA O RECHEIO
4 bananas-nanica
20 g de açúcar
2 g de canela em pó
100 ml de suco de laranja
20 g de açúcar mascavo
20 ml de conhaque

PARA A CALDA
100 g de açúcar
100 ml de água
canela em pó a gosto

4 unidades de massa harumaki
1 clara
4 bolas de sorvete de baunilha

RECEITA DO SAL

1. Prepare o recheio: corte as bananas em lâminas e leve ao fogo em uma frigideira com o açúcar, a canela, o suco de laranja e o açúcar mascavo. Deixe engrossar. Regue com o conhaque e flambe. Mexa até reduzir o líquido.
2. Faça a calda, levando ao fogo, em uma frigideira de inox, o açúcar, a água e a canela. Reduza em fogo baixo. Reserve.
3. Estique a folha de harumaki e coloque o recheio. Enrole. Passe clara nas pontas para grudar. Deixe no freezer por volta de 6 horas.
4. Depois desse tempo, frite o charuto em óleo bem quente. O charuto tem de estar submerso no óleo. Finalize com a calda de canela. Sirva com sorvete de baunilha.

PUDIM DE CUMARU COM CALDA DE FRUTAS VERMELHAS

4 PORÇÕES

PARA O PUDIM

- 400 ml de creme de leite
- 1 semente de cumaru
- 60 g de açúcar
- 5 ml de essência de baunilha
- 20 g de cream cheese
- 3 folhas de gelatina
- 50 ml de calda de frutas vermelhas
- semente de papoula a gosto

PARA A CALDA

- 2 polpas de frutas vermelhas
- 50 g de açúcar
- 100 ml de água
- 2 rodelas de limão

RECEITA DO SAL

1. Leve ao fogo o creme de leite, a semente de cumaru, o açúcar, a essência de baunilha e o cream cheese até o ponto de fervura. Mexa um pouco e tire do fogo.
2. Bata a mistura no liquidificador e acrescente a gelatina já hidratada. Despeje em um refratário e leve a geladeira por no mínimo 8 horas.
3. Prepare a calda: Leve todos os ingredientes ao fogo em uma frigideira de inox, deixando derreter e engrossar até o ponto desejado.
4. Para servir, coloque o pudim de cumaru em um prato, regue a calda por cima e finalize com a papoula.

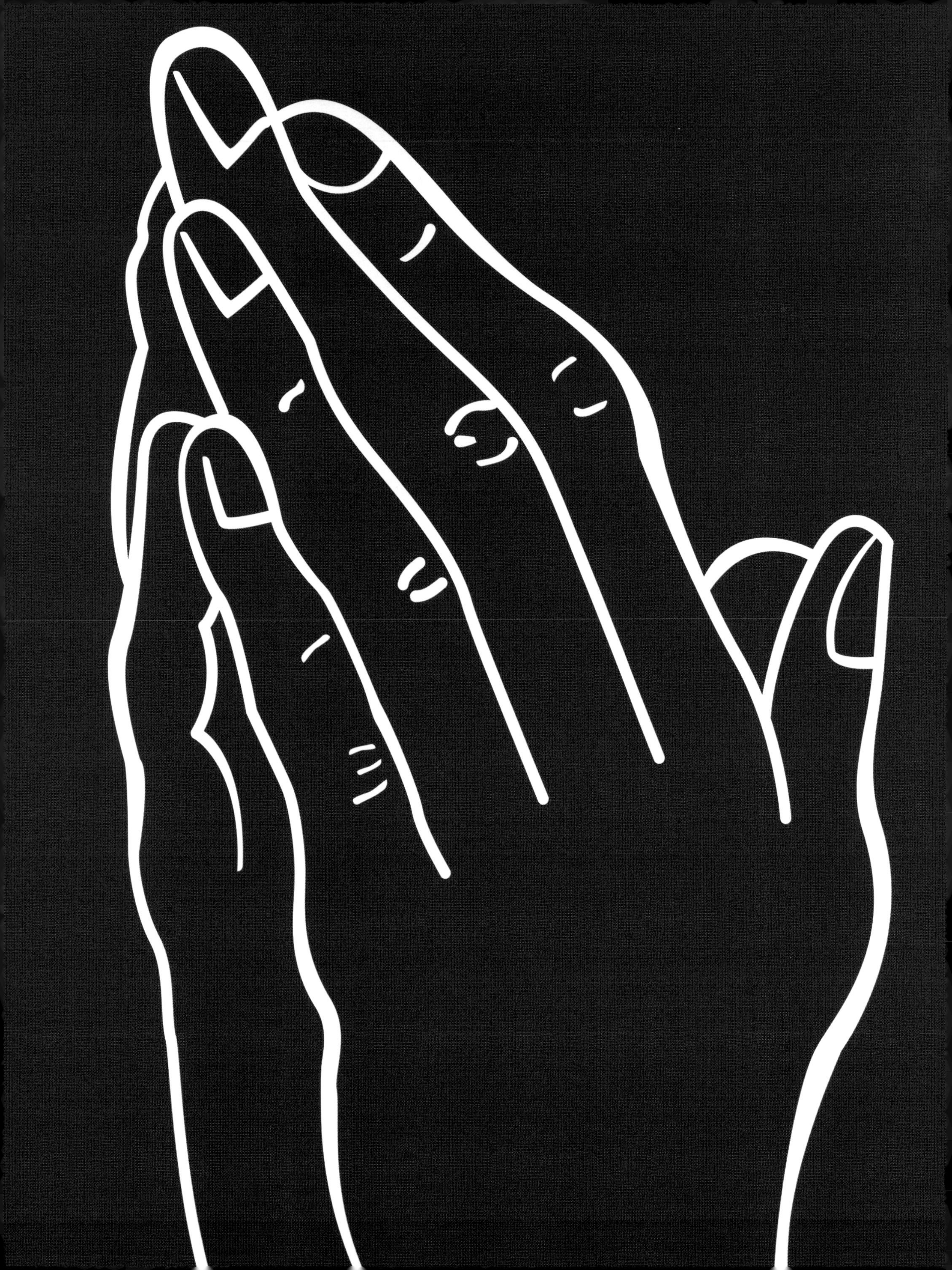

SEM
RESERVAS

NÃO À PADRONIZAÇÃO

O *boom* da gastronomia é um fenômeno da atualidade, estimulado pela mídia e pela internet, em especial as redes sociais. Muitas vezes, é possível ter acesso à informação em tempo real. Ingredientes e técnicas culinárias são disseminadas facilmente por meio de aplicativos e vídeos que podem ser acessados em qualquer lugar.

As redes sociais alcançaram todas as camadas da população e ocupam um papel preponderante na vida e na carreira das pessoas. Hoje qualquer um pode ser agente de mudanças, e não só especialistas e jornalistas.

Em contraponto aos modismos gastronômicos e aos gostos impostos pela indústria alimentícia, existe outra forma de olhar para as questões alimentares. Henrique Fogaça segue a linha dos exploradores e gosta de garimpar ingredientes especiais, entre eles os regionais e os produzidos por fabricantes artesanais.

CÃO VÉIO

ABERTO A NOVOS HORIZONTES, o chef resolveu investir em outros empreendimentos e espaços gastronômicos.

Como sempre fora ligado nas baladas noturnas, a intenção, em 2012, era abrir um bar que oferecesse boa música e boa bebida. Naquele momento, no Brasil, o interesse pelas cervejas especiais e artesanais estava no auge – desde então o mercado de cerveja já cresceu cerca de 20% ao ano, oferecendo mais de 1.500 rótulos nos mais variados estilos. O chef queria abocanhar esse nicho.

Nessa época, dois amigos que ele costumava encontrar nos shows de rock pesado e de punk, Fernando Badauí (vocalista da banda CPM22) e o administrador Marcos Kichi, o convidaram para ser sócio deles em um pub. Fogaça topou imediatamente e eles partiram para o aluguel de um imóvel e o planejamento da casa.

Uma amiga de Fogaça do ramo imobiliário, especializada em locação de espaços que foram restaurantes, os ajudou a encontrar o imóvel, em Pinheiros. O local, na Rua João Moura, próximo à Praça Benedito Calixto, já tinha sido uma pizzaria e uma kebaberia.

"NÃO QUERÍAMOS NADA MUITO ARTIFICIAL, AQUELES CLICHÊS DE SEMPRE. ENTÃO EU PROCURAVA PEÇAS COM OUTRA LINGUAGEM, UMA COISA MAIS DOIDA."

Bar do Cão Véio

Antes de reformar o local, precisavam decidir como batizar a casa. "Old Dog", opinou Kichi, que já estava com este nome na cabeça. Henrique não gostou, fez cara feia. Justificou não querer que o bar tivesse nome em inglês, pois sua pegada era trabalhar com ingredientes brasileiros. Então todos concordaram em traduzir o nome para o português: Cão Véio.

Colecionador de peças de demolição e decoração, Kichi já estava selecionando e guardando vários quadros de pintores franceses, belgas e norte-americanos nos quais os cachorros são figuras principais. Para a decoração do Cão Véio, eles procuraram um mobiliário que desse um estilo antigo e vitoriano, lembrando os pubs ingleses: "Não queríamos nada muito artificial, aqueles clichês de sempre. Então eu procurava peças com outra linguagem, uma coisa mais doida". Fogaça contribuiu com algumas peças de família, como uma garrucha e pesos antigos de escritório e se envolveu bastante com a montagem da casa, ajudando Kichi a procurar as peças especiais.

O AMBIENTE ORIGINAL E ACONCHEGANTE, A SELEÇÃO MUSICAL, O CARDÁPIO E A CARTA DE BEBIDAS CONTRIBUEM PARA O SUCESSO DO BAR, QUE ESTÁ SEMPRE LOTADO.

Fogaça treinou e montou a equipe da cozinha, além, é claro, de assinar o cardápio de lanches e pratos, todos com nomes ligados ao mundo canino, como o Dog Alemão, um hambúrguer com carne bovina e costela de porco desfiada, e o Granola, que leva o nome da cadela de Fogaça, uma simpática labradora presente da Fernanda, e cuja versão sanduíche vai shitake, abobrinha, queijo gouda, tomate e berinjela.

Aliás, Granola ganhou esse nome pela sua cor, que lembra a mistura de cereais, frutas secas e açúcar mascavo. Dócil e simpática, ela adora brincar e fazer amizades. O chef costuma passear com a fiel companheira pela Paulista. Ela faz tanto sucesso que ganha presente dos fãs: "Ela é muito amorosa e carinhosa."

Quanto ao Cão Véio, esse é um cachorro que já nasceu criado. A reunião das influências dos três amigos fizeram com que a casa bombasse desde o início. O olhar da equipe está sempre atento para que a casa mantenha um excelente padrão de qualidade. Entre as inúmeras variedades de cervejas, por exemplo, o Cão Véio oferece algumas opções da casa, como a CPM22 Pilsen, a Fogaça Witbier, a Fogaça American Pale Ale, cujo rótulo é o cozinheiro caveira que decora a entrada do Sal, e a Cão Véio Session IPA nas versões engarrafada e na torneira.

O ambiente original e aconchegante, a boa seleção musical – jazz, blues, folk, rock clássico, um pouco de punk e reggae – e, claro, o ótimo cardápio e a boa carta de bebidas, que além das cervejas inclui também vinhos, destilados e coquetéis com nomes caninos – caso do Poodle (Cosmopolitan), um clássico preparado com vodca, suco de limão e de *cranberry* –, contribuem para o sucesso do bar, que está sempre lotado.

CLIMA DE BAR DE HOTEL

A BEM-SUCEDIDA INICIATIVA DO Cão Véio inspirou Fogaça a investir em um bar no andar superior do Sal Gastronomia, o Admiral's Place. Para alavancar o empreendimento, associou-se ao alemão Matthias Prill, grande conhecedor de *single malts* e agente de bandas como Dead Kennedys e de Marky Ramone e a banda que o acompanha, a Blitzkrieg. O ambiente à meia-luz, as poltronas de couro confortáveis, os coquetéis, toda a decoração e o estilo lembram os charmosos e clássicos bares de hotel. Embora funcione no andar superior do Sal Gastronomia, sua dinâmica é independente. A carta oferece coquetéis clássicos como o Bloody Mary (vodca, suco de limão, sal, molho inglês, tabasco e pimenta) e o Martinez (London Dry Gin, vermute Carpano Clássico e licor italiano de cereja Luxardo Maraschino) e criações como o Atmosphere, com cachaça, limão-siciliano, xarope de bordo e gengibre. O bar ainda serve várias possibilidades de destilados, cervejas e vinhos, combinados com o cardápio de petiscos, como ostras frescas, sanduíche de ragu de javali e terrina de campanha acompanhada de pão de malte e cebola caramelada.

Admiral's Place

SABER CONFIAR

DESENVOLVER LIDERANÇAS REQUER ter a capacidade de ensinar todos os procedimentos de uma cozinha, inclusive os segredos das receitas. Exige, ainda, dar crédito a si mesmo e ao outro. Para merecer a credibilidade de Fogaça, a pessoa precisa ser ágil, determinada e não brincar em serviço.

Uma dessas pessoas é Roberta Andrade Diacoli. Formada em gastronomia, foi indicada por um amigo de Fogaça. Na área há dez anos, fez por merecer o crédito do chef.

Contratada por ele em 2011, passou a vestir a camisa do Sal. Como resultado, em pouco tempo foi promovida à subchef no período do jantar (enquanto Vanderson Pontes de Santana era o subchef do turno do almoço), seu primeiro cargo de liderança na carreira. “A Roberta é uma das pessoas da equipe com quem eu mais me identifico, segue muito a forma como eu trabalho.” Já Vanderson, outro profissional competente e da confiança de Fogaça, já estava trabalhando havia uns dois anos com ele quando passou por outro restaurante, mas rapidamente voltou, dizendo sentir-se melhor no Sal. Fogaça o recontratou. “É um cara determinado, que também veste a camisa.”

“ELE É UM CARA MUITO HUMANO; SE VOCÊ TRABALHAR DIREITO, TERÁ OPORTUNIDADES.”

Roberta se inspira muito em Fogaça, até nas tatuagens, que passou a fazer depois que começou a trabalhar na casa. Mas ela sabe que Fogaça não dá moleza: se ele chega ao restaurante e vê que a *mise-en-place* não está pronta, já vai logo soltando a expressão “caixão e vela preta”, ou seja, haverá represálias. Costuma dar uma chance, mas geralmente não tem segunda vez. “Ele é um cara muito humano; se você trabalhar direito, terá oportunidades.” Por outro lado, o chef não é adepto da postura militar das cozinhas em que reinam o silêncio. "Com o Henrique é uma coisa mais descolada, você pode conversar."

UMA CASA NO BIXIGA

PROGRAMAR-SE COM ANTECEDÊNCIA É uma das características do chef Fogaça. Ele preparou Roberta para comandar o Jamile, restaurante que abriu em 2015 em sociedade com Alberto Hiar, o "Turco Loco", empresário do ramo da moda e vereador pela cidade de São Paulo. Vanderson continua como subchef do Sal e assumiu os dois turnos por um tempo. Depois, o subchef Douglas Chavez entrou para o time e assumiu o comando do jantar.

Antes de inaugurar a casa, Fogaça viajou para Chicago e Nova York e visitou alguns restaurantes em viagem de pesquisa, recolhendo impressões que lhe serviram de inspiração.

Uma das características do Jamile é que todos podem visualizar o que está sendo preparado na cozinha, que fica imediatamente atrás do balcão. O cardápio, do gênero variado, tem um toque de ingredientes nacionais e serve pratos como a rabada com nhoque de batata e agrião. "A Roberta é muito sangue no olho, ela está no Jamile segurando toda a bucha que aparece." A subchef retribui o elogio: "A gente tem uma relação de confiança muito bacana, isso me faz trabalhar mais à vontade".

COMIDA NÃO É ARTIGO DE LUXO

FOGAÇA TEM UMA PREMISSA importante: "Comida não é artigo de luxo". Desagrada-lhe o fato de hoje qualquer coisa ser "gourmet". Para ele, "gourmet" é pegar um ingrediente simples e o transformar em um prato diferenciado. Abomina quando o termo é usado para qualquer coisa: "Pega uma pipoca, joga um caramelo, joga um mel, e fala que é uma 'pipoca gourmet'. É muito chato esse discurso!".

Comer bem, para ele, é um momento de prazer, é sair satisfeito de um restaurante. Não acha que comida boa é comida cara. Por

Em 2015 Henrique abriu o restaurante Jamile, no bairro do Bixiga, em São Paulo.

isso procura sobreviver com uma margem de lucro honesta, mas sem ser abusivo.

Segundo essa premissa, qualquer um pode ir ao Sal pelo menos uma vez na vida. "Dá para ter essa experiência, mesmo que seja única."

EM BUSCA DE NOVIDADES

COM O MERCADO DA gastronomia a todo vapor, surgiram no Brasil e no mundo muitos eventos, de pequeno e de grande porte, que criam e divulgam novas tendências. Fogaça, desde o início de sua carreira e mesmo depois de se tornar um chef midiático, tem participação ativa nas mais importantes feiras e congressos do setor.

É o caso do congresso paulistano Mesa SP, realizado desde 2004, que já trouxe grandes nomes nacionais e internacionais e que também acontece em outros estados, e do Paladar Cozinha do Brasil, cuja primeira edição aconteceu em 2006 e que fomentou discussões importantes sobre a culinária brasileira e seus ingredientes tradicionais.

Também já participou de edições do Mistura, festival peruano organizado pelo grande chef Gastón Acurio, considerado embaixador da cozinha peruana e que incentiva tanto os produtores como a gastronomia regional e contemporânea. "Fiquei louco com a variedade de batatas (cerca de quatrocentos tipos) e de milhos (cerca de trinta espécies) que eles têm, achei incrível o milho roxo (*maíz morado*), com o qual eles fazem a *chicha morada*" – uma bebida não alcoólica feita da fermentação deste milho e que inclui cravo e canela na composição. Encantou-se com a variedade de ingredientes que os peruanos tem à sua disposição e que muito valorizam. Gostou tanto do ceviche que o incluiu no cardápio do Sal Gastronomia, com adaptações para o gosto brasileiro. É um hit da casa.

Em suas andanças pelo Brasil fez viagens de pesquisa para a Amazônia e, em parceria com os chefs Babu, do Chefão, e Thiago Santana, do boteco Ferrugem Rock Gourmet, ambos de Manaus, preparou jantares para formadores de opinião. "Um ingrediente usado em um dos jantares e do qual eu gostei bastante foi a formiga maniwara, que é coletada pela tribo Baniwa. Ela tem gosto de capim-limão e eu a usei durante um tempo no Sal." O chef conta que o nome "maniwara" quer dizer "formiga que morde, ferroa", pelo fato de ser uma espécie bem agressiva. Os índios a retiram do formigueiro colocando um pedaço de madeira em seu interior e levam, de quebra, muitas ferroadas. A tribo fica em São Gabriel da Cachoeira, município a 850 quilômetros de Manaus, no Alto Rio Negro, extremo noroeste do país, na fronteira com a Colômbia e a Venezuela. A evidente distância explica porque o ingrediente foi retirado do cardápio.

TURBULÊNCIA EMOCIONAL

ESSE PERÍODO DE GRANDES conquistas também foi uma fase muito difícil no casamento com Fernanda. Depois que Fogaça se separou, teve uma filha de outro relacionamento, a Maria Letícia, nascida em 5 de novembro de 2015 e que ele assumiu prontamente. Seu nome também está entre as tatuagens de Fogaça, o bom pai que se preocupa e guarda o amor dos filhos também na pele.

"Sempre tive uma relação ótima com a Olívia e o João e continuo tendo, mesmo separado." Nas férias, Fernanda e Fogaça dividem o tempo com os dois filhos. "A Maria Letícia é pequenininha, eu me acerto com a mãe dela e com o tempo ela ficará mais tempo comigo, mas a relação é ótima com os filhos e as ex-mulheres."

Atualmente namora Carine Ludvic, engenheira química com quem está junto desde 2015. Ela o acompanha nos shows, nas viagens, nesse turbilhão de coisas que é a vida do chef. "Ela está sempre comigo, é uma parceira bem legal. Apesar da diferença de idade de 17 anos, ela tem a cabeça bem avançada, é bem madura".

MARCAS DE GRATIDÃO

DURANTE A FASE DE expansão dos negócios – hoje o chef emprega mais de setenta pessoas em suas quatro casas (Sal, Admiral's Place, Jamile e Cão Véio) –, Fogaça fez duas tatuagens que refletem esse momento tão fecundo e promissor.

Com o significado de proteção contra os maus agouros, reproduziu uma *hannya*, máscara de estilo oriental, espécie de carranca com olhos, chifres e dentes pontiagudos, bastante populares entre os atores do teatro Nô japonês.

A outra, uma típica tatuagem *praying hand* (mãos em sinal de devoção), marca o temperamento de um homem que tem gratidão pelas coisas que o universo lhe proporciona.

DOG ALEMÃO

1 PORÇÃO

RECEITA DO CÃO VÉIO

- 1 cebola
- 3 colheres (sopa) de manteiga
- 130 g de acém moído
- sal e pimenta-do-reino a gosto
- 1 cebola roxa
- 2 colheres (sopa) de óleo de soja
- 3 colheres (sopa) de açúcar
- 50 g de costela suína (Espírito de Porco, receita na p. 160)
- 50 g de queijo gruyère
- 1 pão de hambúrguer
- 1 maço de agrião precoce
- 1 tomate italiano

1. Corte a cebola em cubos bem pequenos e uniformes. Leve ao fogo brando com a manteiga e mexa constantemente até obter uma cor dourada e um sabor levemente adocicado.
2. Tempere a carne com a cebola dourada, sal e pimenta e molde no formato de hambúrguer com a ajuda de um aro de metal. Resfrie o hambúrguer por uns 30 minutos para obter uma consistência melhor.
3. Corte a cebola roxa em meia-lua e leve ao fogo com o óleo de soja e o açúcar. Mantenha em fogo médio baixo mexendo constantemente até que a cebola caramelize. Reserve.
3. Retire o hambúrguer da geladeira e, em uma frigideira bem quente, acrescente óleo e sele bem o hambúrguer dos dois lados. Sobreponha a costela desfiada, cubra com uma generosa camada de gruyère e abafe com a tampa de uma panela até o queijo derreter.
4. Sirva no pão de hambúrguer com a cebola roxa caramelizada, o agrião precoce e uma rodela de tomate italiano.

Dicas do chef

- Utilize sempre matéria-prima de boa qualidade e alimentos frescos. Siga esta receita à risca para montar um excelente sanduíche.
- Um ótimo acompanhamento é uma boa porção de mandioca frita.
- Como a costela Espírito de Porco fica um pouco seca, é preciso reidratá-la no óleo.

GRANOLA

1 PORÇÃO

RECEITA DO CÃO VÉIO

- 40 g de cogumelo shimeji
- 40 g de cogumelo porcini (se não achar, use cogumelo-de-paris fresco)
- 40 g de cogumelo shitake
- 1 alho-poró
- 1 tomate italiano
- 2 talos de cebolinha
- 1 colher (sopa) de manteiga
- 1 ramo de tomilho
- sal e pimenta-do-reino a gosto
- 50 g de queijo gruyère
- 1 pão de hambúrguer tipo australiano

1. Desmanche o shimeji, fatie grosseiramente o porcini e o shitake, corte o alho-poró e o tomate em rodelas médias e pique a cebolinha.
2. Em uma frigideira quente, adicione a manteiga e em seguida os cogumelos. Assim que começarem a amolecer acrescente o alho-poró, o tomate, o tomilho, o sal e a pimenta-do-reino a gosto.
3. Para dar um visual de hambúrguer, molde na própria frigideira, com ajuda de um aro metálico, a metade dos cogumelos. Coloque uma camada de gruyère ralado por cima e complete com o restante dos cogumelos.
4. Acrescente mais um pouco de queijo ralado e as cebolinhas e abafe até que o queijo esteja derretido. Sirva em seguida no pão de hambúrguer australiano.

SANTO MAR

4 PORÇÕES

RECEITA DO CÃO VÉIO

PARA A MAIONESE

2 ovos

suco de 1 limão-tahiti

500 ml de óleo de soja

1 punhado de dill

sal e pimenta-do-reino a gosto

PARA O PEIXE

400 g de batata-doce

1 maço de sálvia

200 g de farinha de trigo

400 g de peixe (de preferência pargo)

suco de 1 limão-tahiti

sal e pimenta-do-reino a gosto

1. Prepare a maionese: Coloque os ovos e o suco de limão no copo do liquidificador. Acrescente o óleo de soja em fio médio e bata na primeira velocidade, até obter o ponto de consistência de maionese. Acrescente um bom punhado de dill sem o talo e, por último, o sal e a pimenta-do-reino. Deixe na geladeira até a hora de usar.
2. Em uma panela com água fervente, cozinhe a batata-doce com casca por aproximadamente 45 minutos ou até ficar completamente cozida. Escorra a água e deixe esfriar.
3. Empane a folha de sálvia na farinha de trigo e reserve.
4. Corte o peixe em cubos médios, tempere com limão, sal e pimenta e reserve por alguns minutos.
5. Quebre as batatas com as mãos e frite por imersão em óleo a 180°C. Quando estiverem praticamente douradas acrescente a sálvia. À parte, frite o peixe.
6. Sirva o peixe com a maionese e as batatas. Decore com a sálvia e algumas folhinhas de dill.

CARNE LOUCA (CÃO MONSTRO)

20 PORÇÕES

PARA A CARNE
2 cebolas
1 cenoura
1 pimentão vermelho
1 pimentão verde
1 pimentão amarelo
3 tomates italianos
1 pimenta dedo-de-moça
100 g de gengibre
2 dentes de alho
2 colheres (sopa) de óleo de soja
1 kg de acém em cubos
700 ml de cerveja preta
sal, pimenta-do-reino e louro a gosto
1 colher (chá) de cominho
1 colher (sopa) de coentro em grão
500 ml de caldo de legumes (ver dica do chef)

PARA O CREME DE QUEIJO (OPCIONAL)
2 cebolas
200 g de manteiga
100 ml de vinho branco
500 ml de creme de leite
150 g de queijo parmesão
150 g de queijo gruyère
sal e pimenta-do-reino a gosto

RECEITA DO CÃO VÉIO

1. Lave e corte as cebolas em cubos pequenos e rale a cenoura. Retire as sementes dos pimentões e corte em tiras finas; faça o mesmo com os tomates, a pimenta dedo-de-moça, o gengibre e os dentes de alho. Leve tudo ao fogo para refogar e reserve.
3. Em uma panela muito bem aquecida, acrescente o óleo de soja e deixe a carne selar sem que acumule água. Em seguida, transfira a carne selada e os legumes refogados para uma panela de pressão e acrescente a cerveja preta, o sal, a pimenta-do-reino, o cominho e o coentro. Adicione o caldo de legumes (receita abaixo), tampe a panela e deixe na pressão, em fogo brando, por 1 hora.
4. Prepare o creme de queijo: Corte as cebolas em cubos pequenos e leve ao fogo em uma panela com a manteiga. Doure até obter uma cor caramelizada, acrescente o vinho branco, o creme de leite, os dois queijos ralados e mexa até que estejam completamente derretidos. Em seguida, bata no liquidificador até obter uma mistura homogênea. Volte ao fogo, acerte o sal e a pimenta e deixe reduzir em fogo baixo até obter uma textura mais espessa.
5. Sirva a carne no pão português coberta com o creme de queijo.

Dicas do chef

Para fazer o caldo de legumes, pique uma cenoura, um maço de salsão e uma cebola grosseiramente. Leve os legumes ao fogo em uma panela com um fio de óleo e refogue até soltar os sucos. Acrescente 3 litros de água e mantenha no fogo até alcançar fervura. Coe e use na receita.

ESPÍRITO DE PORCO

4 PORÇÕES

150 ml de melado de cana
100 ml de mel
200 ml de cachaça
1,6 kg de costela suína
óleo para fritar

RECEITA DO CÃO VÉIO

1. Misture em um recipiente o melado, o mel e a cachaça. Reserve.
2. Em uma assadeira retangular, coloque as costelas suínas com o osso para baixo e faça leves incisões na carne. Despeje a marinada de cachaça e cubra com filme de PVC. Deixe descansar no refrigerador por pelo menos 1 hora.
3. Depois do tempo da marinada, cubra a assadeira com papel-alumínio e leve ao forno preaquecido a 130°C por 4 horas.
4. Retire do forno, descarte a marinada e leve as costelas à geladeira por cerca de 4 horas ou até esfriar.
5. Corte-as individualmente e frite com pouco óleo. Sirva com a pimenta chipotle de maracujá da marca *De Cabrón*.

SANDUÍCHE DA MADRUGADA

1 PORÇÃO

1 bife de contrafilé (150 g)
açúcar, sal e pimenta-do-reino a gosto
1 cebola roxa
óleo
2 fatias de queijo gruyère
5 folhas de rúcula
azeite
1 pão australiano
tomate em rodelas

1. Tempere o contrafilé com sal e pimenta-do-reino a gosto e reserve.
2. Corte a cebola em meia-lua e tempere com um pouco de óleo e de açúcar. Leve ao fogo e deixe reduzir e caramelizar até ficar um pouco crocante e adocicada. Reserve.
3. Em uma frigideira com óleo, sele bem a carne, deixando por cerca de 1 minuto e meio de cada lado. Coloque o queijo por cima do contrafilé e deixe derreter.
4. Tempere a rúcula com um pouco de sal, azeite e pimenta-do-reino.
5. Para montar o sanduíche, coloque a carne com queijo no pão, distribua por cima a cebola caramelizada, as rodelas de tomate e a rúcula.

NINGUÉM PODE ME PARAR

O SUCESSO DOS *REALITIES*

No mundo atual, as pessoas são observadas, fotografadas e filmadas quase o tempo todo – na rua, no trabalho, no restaurante, nos ambientes públicos e até em casa. Conhecer, sentir-se participante da intimidade do outro é um fenômeno que se tornou generalizado com os *realities shows* e intensificou com as redes sociais. Ao participar de um programa nesse formato, uma pessoa completamente desconhecida pode ser tornar, da noite para o dia, uma celebridade.

Embora tenha ganhado uma força maior a partir da primeira década dos anos 2000, o formato *reality show* não é um fenômeno deste século. Surgiu em 1973, com o programa *An American Family* (Uma Família Americana), produzido pela PBS, em que se mostrou, em doze episódios, o cotidiano de uma família da Califórnia. Depois disso, a televisão continuou produzindo programas neste formato, como o *The Real World* (Na Real), exibido em pela MTV a partir de 1991 e um dos primeiros a ser exibido no Brasil. O programa acompanhava uma turma de jovens que morava na mesma casa por algum tempo, mas eles não ficavam confinados nem participavam de competições. Depois aconteceu o sucesso estrondoso do *Big Brother*, criado na Europa em 1999, cuja fórmula que une *reality show* e competição se espalhou por 17 países, inclusive o Brasil.

No entanto, o *boom* dos *realities* de culinária no Brasil aconteceu a partir de 2014, o que coincidiu com o aumento crescente do interesse pela cultura gastronômica. Foram lançadas diversas atrações, entre elas, a versão brasileira do *MasterChef*, pela Rede Bandeirantes. Nele, cozinheiros amadores – que não podem estar trabalhando nem cursando faculdade na área – são julgados por três grandes chefs, com o objetivo de torná-los profissionais. O êxito é crescente a cada temporada, o que se deve também ao carisma e renome dos chefs jurados: Érick Jacquin, Paola Carosella e Henrique Fogaça, que se transformou em celebridade e, por conta disso, tem emprestado sua imagem para a publicidade de vários produtos. A nova temporada de MasterChef é a versão profissional – saem os amadores e entra quem já tem experiência para competir em busca do prêmio.

Entre os milhares de fãs do *MasterChef* está Kichi, o sócio de Fogaça no Cão Véio: “Acompanho o programa desde a primeira temporada aqui no bar e vem também uma galera para ver; acho que tem muito participante que, quando está ali de frente para as panelas, trabalha mais com medo do que com o coração e acaba errando".

O fato de ter sido convidado para julgar os competidores no *MasterChef* trouxe alguma nostalgia da época em que ele começou a cozinhar em casa, misturando ingredientes para ver no que dava. "Eu era muito criativo, arriscava, acho que por isso eu consigo me colocar um pouco na posição dos participantes. Você percebe que algumas pessoas estão com medo de errar numa prova, de inventar demais; para outras, se ali é o limite delas na criatividade, eu cobro, falo e aponto os erros do prato."

"EU ERA MUITO CRIATIVO, ARRISCAVA, ACHO QUE POR ISSO EU CONSIGO ME COLOCAR UM POUCO NA POSIÇÃO DOS PARTICIPANTES."

O chef enfatiza que não representa nenhum personagem, como às vezes acontece nesse gênero de programa. "O que mostro lá é um pouco de mim mesmo. Essa atitude rigorosa é igual na cozinha do meu restaurante."

O sucesso de audiência e na mídia é estrondoso, como mostra esta entrevista da Revista da Cultura, uma das muitas matérias que falam sobre o chef no programa:

> Não teve jeito! A conversa no bar, no almoço de domingo, no cafezinho e nas redes sociais foi unânime: *MasterChef*! Exibido na Rede Bandeirantes nas terças à noite, a segunda temporada do programa, que acabou em setembro último, caiu no gosto brasileiro: desde os amantes da alta gastronomia até os mais leigos no assunto. Henrique Fogaça - ao lado de Érick Jacquin e Paola Carosella - conquistou o público com seu jeito marrento, autêntico e direto, mas ao mesmo tempo carinhoso e solidário [...]. Ansioso, hiperativo e extremamente generoso, o chef quer abraçar o mundo! É daqueles que topam qualquer parada;

> gosta de se jogar de cabeça em novos projetos, mas sem nunca perder sua essência.*

O triunfo do programa é notado também pelo número de inscritos. De cinco mil, na primeira temporada, saltou para 25 mil na terceira.

Na correria dos bastidores, os jurados, entre maquiagem e definição de roupas, preparam-se para as gravações e alinham, com a ajuda da direção, o ingrediente que será usado, como serão as provas e o que cada um vai ficar encarregado de falar. O resto corre naturalmente, como tem de ser um *reality*. "Minha relação com a Paola e o Jacquin é ótima." Porém, fora das câmeras ele se encontra mais com o chef francês. "Ele vai ao meu restaurante e eu ao dele, tomamos cerveja e damos muitas risadas juntos."

Na terceira temporado do programa, Fogaça foi colocado em xeque: ele teve de preparar uma bochecha de porco com molho de vinho tinto e purê de mandioquinha na bancada, ao lado dos aspirantes a chefs. Os outros jurados garantiram que ele passou no teste. Mas Fogaça reconheceu que estar na posição dos participantes, naquela pressão, altera a forma normal de a pessoa agir.

Voltando para seu posto, o de jurado, Fogaça pega pesado, o que lhe rendeu a fama de durão. Diz mesmo tudo o que pensa sobre a receita. Comentários do tipo "Está achando que eu tenho cara de palhaço apresentando a porcaria deste prato?" saem naturalmente, já que não deixa passar batido falhas que ele julga imperdoáveis: "Não vou fingir que não vi, tenho os meus princípios na cozinha."

Uma preparação simples pode salvar um competidor, como aconteceu em um dos episódios da terceira temporada. Ao argumentar sobre seu macarrão com frango, o candidato em questão disse que era uma comida para aqueles dias em que se chega em casa cansado e com

* VOMERO, Renata; ZANUTTO, Clariana. "Todos querem um pedaço de Fogaça!" *Revista da Cultura*: São Paulo, 6 de outubro de 2015, p. 16-21.

fome. "Se eu tivesse trabalhado o dia inteiro, chegasse em casa com fome e tivesse uma refeição dessas, comeria com satisfação", comentou Fogaça durante o programa. "Esta é a diferença entre os pratos. Um deles estava feio, o frango seco, o macarrão com gosto de nada, e era a mesma receita na visão de cada um", analisa.

As broncas no programa funcionam como um balde de água fria para a pessoa ficar esperta. Problemas de personalidade são postos em cheque. "Cara feia para mim é fome!", costuma dizer Fogaça quando o participante demonstra que não está aceitando a crítica. Positiva, para ele, é a adrenalina de querer ganhar. "Ali a pessoa está dando a cara para bater, é uma competição, vai ter de aguentar a gente falando, é uma característica do programa, da forma como eu sou também, então cada um com os seus problemas".

Por outro lado, Fogaça admira a postura humilde de alguns concorrentes que aceitam o julgamento, agindo de forma respeitosa, e se esforçam para mudar. "Esses caras estão abertos para evoluir, enquanto os mais raivosos, que tem mania de perseguição, ficam fechados."

Os integrantes tremem na base diante dos "carrascos", como alguns chamam os jurados. Mas conforme as temporadas avançam, percebe-se que os selecionados chegam mais preparados. Depois de acompanhar as temporadas anteriores, já chegam pensando nas estratégias do jogo. Em contrapartida, os jurados também estão se mostrando mais exigentes.

BOAS LEMBRANÇAS

EM MEIO A ESSA competição acirrada e ao fogo cruzado entre os rivais, Fogaça não deixa de demonstrar sua outra faceta, posicionando-se de forma mais afetiva e dando dicas preciosas.

Isso aconteceu quando Elisa Fernandes, vencedora da primeira temporada, apresentou seu caranguejo cremoso, acompanhado de arroz com raspas de limão. Ao experimentar o prato, o chef declarou: "Elisa, tem situações e sabores que às vezes ficam na memória, esquecidos. Hoje você conseguiu me levar lá para a casa da minha mãe, há uns vinte anos, nos almoços de domingo. Ela fazia casquinha de siri, de caranguejo, com esse arrozinho", relembrou. "Gostei do seu prato, está muito saboroso, simples, então me deu esse barato na cabeça."

Em outro episódio da série, os candidatos foram desafiados a preparar uma receita tradicional de ovos nevados, fazendo referência à receita que sua avó Liliza preparava.

Aparecer na mídia dá uma levantada na carreira dos participantes. Para Fogaça, é uma satisfação quando o vencedor de uma temporada – ou mesmo um participante que foi muito bem – não desiste e segue carreira. É o caso da premiada Izabel, com quem Fogaça conversou há pouco tempo e que comentou com ele estar sendo chamada para fazer jantares.

Demonstrar conhecimento nas combinações dos pratos, cuidado com os ingredientes, com a técnica e com a forma de manter sua praça organizada e limpa na hora de cozinhar são características que Fogaça valoriza em um cozinheiro. Dá como exemplo o Fernando, candidato da segunda temporada, que revelou essas habilidades. Ele não ganhou, mas, na opinião do chef, foi um dos melhores daquela fase.

MASTERCHEF BRASIL JÚNIOR

DEVIDO À GRANDE AUDIÊNCIA do programa, a Band resolveu investir na versão mirim, o *MasterChef Brasil Júnior*, muito bem-sucedido em vários países. Nessa versão, segundo os telespectadores, Fogaça foi o chef que mais cativou os pequenos cozinheiros. "Acho que tenho uma empatia com as crianças, elas têm a curiosidade de olhar um cara todo tatuado, que fala grosso, que é bravo. Quando me conhecem; veem que sou uma pessoa meiga, quase tão criança como elas."

Realmente, o jeitão bad boy de Fogaça assusta muita gente, mas não tem nada a ver com a realidade. "Sou um cara tranquilo.

Não me considero um bad boy, um cara que não tem juízo, que sai por aí brigando sem motivos. Nunca fui assim."

Talvez o chef tenha ficado ainda mais encantado com as crianças do que elas com ele. Observou, admirado, a meninada de 9 a 13 anos mandando muitas vezes melhor do que muito adulto. "A gente vai acompanhando essa molecada por alguns dias e já percebe a identificação automática de alguns com as panelas." Como foi o caso da competidora mirim Sofia: "Ela realizou bem as provas, fazia pratos harmoniosos, delicados, visualmente bonitos e combinando sabores. Eu pensava: Caramba! Como ela conseguiu conceber isso, juntar essas histórias?", relata, referindo-se às ideias criativas da menina. Destaca, ainda, o lado mais verdadeiro da garotada. "A criança é transparente, mais fácil de lidar."

"QUANDO ME CONHECEM, VEEM QUE EU SOU UMA PESSOA MEIGA, QUASE TÃO CRIANÇA COMO ELAS."

Se Fogaça já era respeitado no mundo da gastronomia, com o *MasterChef* a fama se alastrou a ponto de ele ter dificuldade de andar tranquilamente na rua ou ir a um evento. Sua atitude é sempre simpática, gosta de dar atenção para todo mundo com um sorriso, cumprimenta e olha nos olhos. No festival de rock Lolapalooza de 2016 foi montado um quiosque do Cão Véio para servir lanches. Mal conseguia trabalhar, já que era parado por fãs quase que a cada minuto para tirar uma foto ou dar um autógrafo. Isso se deve à sua boa imagem, que inspira muita gente como uma pessoa do bem que faz a diferença na sociedade.

POLÊMICAS NAS REDES SOCIAIS

COMO FOGAÇA HOJE É um homem público, muito do que ele diz e faz têm efeito instantâneo e, muitas vezes, é exaustivamente comentado nas redes sociais e na mídia. Foi o que aconteceu quando ele comentou sobre sua filha, Olívia, em um episódio do programa. Ela estava internada em um hospital havia uma semana, precisando da máquina de oxigênio da UTI, e ele estava muito preocupado.

Começou a gravar o programa e então o participante Marcos fez uma comida sem gosto. Imediatamente, veio-lhe à cabeça a situação da filha: "Eu tenho uma filha especial e há algum tempo fiquei com ela no hospital e precisava comer lá... Sua comida me lembrou a de lá. Sem sal, sem gosto". A participante Aritana sempre falava dos filhos dela. Então o chef a aconselhou a se concentrar mais e a pensar neles quando estivesse cozinhando. "Foi uma coisa natural, estava com aquilo na mente e acabei falando."

"QUANDO SE ESTÁ EM EVIDÊNCIA, QUALQUER COISA QUE VOCÊ FALA SE TRANSFORMA, VIRA POLÊMICA."

Explicou que se alimentou de comida de hospital por um ano, por conta de outra internação da filha, e que ela se alimentava por sonda. Também falou da frustração de não poder cozinhar para ela. O chef desabafou: "Cada um com seus problemas, cada um tem seu fardo para carregar. Mas eu penso nisso diariamente". Essa passagem ocorreu na eliminação que tirou Carla da disputa por errar no preparo do salmão.

A revelação causou imediata comoção nos participantes, nos outros jurados – Érick Jacquin e Paola Carosella – e na apresentadora, Ana Paula Padrão. Nas redes sociais, o assunto também foi bastante comentado, com frases como: "Ainda me recuperando do discurso do Fogaça"; "O Fogaça emocionou hoje. Aquela imagem dele de durão foi quebrada".

Impulsivo, Fogaça muitas vezes posta nas redes sociais algumas fotos e brincadeiras, sem maldade, mas também sem pensar muito nas consequências. Certa vez, estava revendo umas fotos antigas, viu uma que achou engraçada e resolveu postar novamente.

Era uma foto em que ele apontava uma garrucha para os funcionários, com a legenda: "Aqui no @SalGastronomia padrão de qualidade 100%". Era uma foto antiga, de quando ele tinha uma espingardinha de chumbo, com a qual ele costumava brincar com a equipe, sem munição, claro. O R7, site da TV Record, caiu matando: "Jurado do *MasterChef* aponta arma para os funcionários de seu restaurante", dizia a legenda. Em resposta, Fogaça escreveu um post reclamando do comportamento sensacionalista e oportunista da mídia. Uma semana depois, foi convidado para participar de um programa da Record e recusou, em represália.

Outra passagem que deu o que falar foi quando ele publicou no Twitter a foto de uma cabeça de porco, em alusão a um dos episódios do programa em que os candidatos teriam de preparar uma receita com esse ingrediente. "Hoje tem cabeça de porco no *MasterChef*. Quem vai assistir, não ficar criticando e aceitar que a realidade da vida é essa?", escreveu. O post, que em poucas horas já tinha mais de 140 retuítes e 340 curtidas, provocou polêmica na internet: muitos seguidores do chef ficaram incomodados, outros defenderam-no e também houve quem achou que era, no mínimo, dissimulado quem come carne não gostar de ver a foto de um porco morto. Talvez isso aconteça porque hoje a maioria das pessoas é tão urbana que só conhece os cortes dos animais nas prateleiras dos supermercados. "Quando se está em evidência, qualquer coisa que você fala se transforma, vira polêmica." Mas, falando bem ou mal, suas contas no Facebook, Twitter e Instagram bombam.

O OUTRO LADO DA MOEDA

ESSE SUCESSO ESTRONDOSO TEM sido muito bom para a carreira e os negócios de Fogaça. O movimento do Sal triplicou logo na primeira fase da primeira temporada do *MasterChef*; e o Jamile e os bares vão muito bem, mesmo em tempos de crise.

Por outro lado, Fogaça ainda não se acostumou com essa notoriedade. No começo, estranhava quando pessoas que ele nunca tinha visto o cumprimentavam na rua. Uma vez ele estava parado no semáforo, de moto, e um grupinho de dentro de um táxi começou a gritar "*MasterChef*, *MasterChef*!". Achou a situação engraçada. "Parecia que não era eu ali, sabe? Eu ainda estava me acostumando com toda a mudança." Começou a sentir a diferença nos passeios simples, como uma passadinha em um shopping center: as pessoas passaram a abordá-lo para tirar uma foto.

"PRECISO TER UMA VIDA SAUDÁVEL E SINTO NECESSIDADE DE MAIS TEMPO PARA MEU LADO PESSOAL."

Nos eventos, o tumulto às vezes é maior. Em dezembro de 2015, por exemplo, na final do prêmio Educação Além do Prato, concurso entre merendeiras e pais de alunos, promovido pela Prefeitura de São Paulo, Fogaça não conseguiu controlar os fãs e houve um princípio de tumulto. "Entrou segurança na história, mas não precisava, sou sempre acessível. Quando saio de moto, os motoboys colam do meu lado para dizer que adoram o programa. Acho muito bacana".

Com a notoriedade, convites para eventos não faltam, até versões reduzidas do *MasterChef*. Uma delas ocorreu no Shopping União de Osasco, em março de 2016, na final do Concurso Gourmet Show, que aconteceu na Praça de Eventos. Na ocasião, Fogaça preparou, ao vivo, uma moqueca de banana-da-terra, acompanhada por posta de robalo fresco e, em seguida, pediu aos quatro finalistas e seus respectivos assistentes que reproduzissem a receita em 45 minutos. Foi um sucesso.

Mas a fama também tem suas complicações. Alguns fãs, muitas vezes, não têm limites e acabam invadindo a vida particular do ídolo ou querem tirar uma lasquinha do sucesso alheio. Como alerta o amigo Kichi: "Cresce muita flor do lado, mas também muita erva daninha, então se a pessoa não se cuidar acaba sugada". Essas atitudes mais agressivas deixam Fogaça um pouco chateado. Algumas pessoas abusam da sua disponibilidade, cometendo exageros como pedir dinheiro ou marcá-lo no Instagram para ter mais seguidores.

A agenda cheia, com gravações do programa, encontros com patrocinadores, comerciais, eventos, reuniões, administração e supervisão dos restaurantes tornam sua rotina realmente exaustiva. No meio de tantos compromissos inadiáveis, ele procura arrumar tempo para as coisas que ele mais gosta de fazer como cozinhar, treinar muay thai, ensaiar com a sua banda, fazer seus shows, encontrar-se com a turma do motoclube, realizar ações sociais e, claro, estar com a família, os amigos e a namorada. “Estou recusando alguns trabalhos porque não dou conta, não dá para pensar só no dinheiro, não sou ganancioso. Preciso ter uma vida saudável e sinto necessidade de mais tempo para meu lado pessoal, para ficar com meus filhos, ter paz e tranquilidade, senão vou virar uma máquina.”

COZINHA CONFIDENCIAL

O CHEF E ESCRITOR americano Anthony Bourdain é uma inspiração para Fogaça. Ele o admira pela história de superação das drogas e a autenticidade transmitida em seus programas de TV, como o *Sem reservas*, transmitido pelo canal TLC, e o *Parts unknowns*, da CNN, no qual o chef explora lugares desconhecidos pelo mundo. “Eu gosto muito do jeito como que ele fala, ele é meio doido, vai dizendo as coisas espontaneamente.”

Além disso, gosta dos livros que ele já lançou, em que escreve com a mesma sinceridade cortante e o mesmo humor de seus programas. O *best-seller* que estourou em vendas e resultou na sua fama foi o *Cozinha confidencial*, obra autobiográfica em que Bourdain conta suas aventuras e desventuras como chef do restaurante novaiorquino Les Halles e também de outras experiências. No livro, cuja leitura prende a atenção a cada página, ele chega a dar alguns conselhos para os aspirantes a chef:

> Comprometa-se de corpo e alma. Não fique em cima do muro e não enrole. Se você vai ser um chef algum dia, então esteja certo disso, seja obcecado em sua determinação de chegar à vitória a todo custo. Se acha que existe o risco de se pegar de pé numa cozinha de preparação um belo dia, depois de tornear duzentas batatas, a se perguntar se deu o passo certo, ou então numa noite movimentada, na praça da grelha, crivado de dúvidas quanto a ter escolhido o melhor caminho, não resta a menor dúvidas de que ai acabar se tornando um peso para si e para os outros. Você está, para todos os fins e propósitos, entrando para o exército. Apronte-se para obedecer a ordens, para dar ordens quando for preciso e para viver com as consequências dessas ordens sem queixumes. Esteja pronto a liderar, a obedecer ou a sair do caminho.*

"Ele é um cara que me motiva, é bem articulado, rápido, meio louco e um bom cozinheiro, eu me identifico bastante com os programas dele."

ROLÊ DO CHEF

DEU TÃO CERTO A experiência de astro de TV, que o canal Discovery Home & Health convidou Fogaça para participar de uma série. O personagem é ele mesmo, um homem de rotina eletrizante. O *Rolê do Chef* foi ao ar em maio e é uma série de oito miniprogramas de cinco minutos de duração transmitidos ao longo da programação. As câmeras acompanham Fogaça enquanto ele dá dicas dos lugares que frequenta em São Paulo. Entre os episódios está a visita ao Underdog, bar especializado em sanduíches com carne de seu amigo Jão, da banda Ratos de Porão.

* BOURDAIN, Anthony. *Cozinha confidencial*. São Paulo: Companhia das Letras, 2006, pp. 360-361.

Fogaça prepara para o amigo um inusitado lanche com bacon, camarão e manga.

Em outro, ele se vai ao Mercado de Pinheiros procurar um peixe fresco e se encontra com o chef Checho Gonzales, dono da Comedoria Gonzales, cevicheria localizada no mercado, e fazem um almoço juntos.

Nessas andanças em busca do melhor produto, decide visitar um restaurante familiar ligado à comunidade síria, que é muito numerosa na cidade. Aprende sobre a cultura desse povo e cozinha para a comunidade junto com Eyad, o chef sírio que faz a melhor *shawarma* da cidade.

Relembrando o seu começo em São Paulo, Fogaça volta ao Hangar 110, tradicional casa de shows do gênero straight edge, cuja filosofia é não beber, não se drogar e só consumir produtos veganos, assumindo ali o desafio de preparar um prato sem nenhum ingrediente de origem animal.

Com o amigo Jefferson Rueda, que faz um trabalho incrível com a carne suína no restaurante A Casa do Porco, o chef decide ir ao Mercado Municipal procurar alguns ingredientes e, junto com Rueda, fazer um prato com lardo, iguaria italiana preparada com gordura de porco e especiarias, que na cidade só a casa de Rueda oferece.

Em um treino de sumô, tradicional luta da cultura japonesa, prova um prato típico dos lutadores e cozinha para eles uma iguaria especial.

Com Wallace C. Pinto, funcionário do Cão Véio, ele vai ao extremo da zona sul de São Paulo para conhecer o Atelier Sustenta Capão, em que José Carlos produz pães, geleias e doces, mudando a realidade de seu entorno. Juntos, Wallace, Zé Carlos e Fogaça inventam um sanduíche para incrementar o cardápio.

Depois de um show agitado de hardcore, Fogaça sai para comer na madrugada com os integrantes da sua banda Oitão. Como tudo está fechado, o chef decide parar num mercadinho de conveniência e cozinhar na casa da mãe de um deles, onde prepara um sanduíche para matar a fome, feito com contrafilé, queijo gruyère, rúcula, tomate e pão australiano, cuja receita está na página 162.

NO FORNO, A 200 GRAUS

O COTIDIANO DESSE HOMEM impetuoso ligado no 220 gerou um novo programa, também no canal Discovery Home & Health, inspirado no *Rolê do Chef*, só que mais longo. "É um pouco da minha vida, sou eu correndo contra o relógio para realizar todas as tarefas." O programa acompanhou Fogaça recebendo o Prêmio de Homem do Ano da revista GQ, criando o cardápio de almoço para o bar Cão Véio, preparando o jantar de aniversário de casamento dos pais e visitando uma comunidade indígena Dessana Tukano Cipiá, em Manaus.

"GOSTO DA IDEIA DE PODER MOSTRAR MEU ESTILO DE VIDA E ACHO QUE ISSO GERA CURIOSIDADE DE OUTROS GRUPOS, NÃO SÓ O DA GASTRONOMIA".

Essa última experiência, em especial, foi bastante emocionante para o chef, que participou de um ritual com o cacique, conheceu o trajeto da floresta no qual caçam, onde pescam e o local onde a tribo tem suas plantações. Aprendeu com eles a fazer receitas com mandioca e presenciou o preparo do tucupi. "Foi bem bacana, conversei bastante com o cacique sobre as tatuagens, pois desenhar o corpo tem toda uma simbologia na cultura dos índios." Para eles, tatuar o corpo contém uma simbologia especial e em geral só é feito em rituais como os de passagem da infância para a fase adulta, quando um índio se torna guerreiro, cacique ou pajé, para pedir proteção às divindades e também para garantir a vida do espírito na passagem para o mundo dos mortos. Cada tribo desenvolve sua arte corporal, elas são a identidade que as identificam e diferenciam das outras.

Apesar da correria louca das gravações, Fogaça curtiu muito a oportunidade. “Gosto da ideia de poder mostrar meu estilo de vida e acho que isso gera curiosidade de outros grupos, não só o da gastronomia, atraindo pessoas que estão ligadas às coisas que eu gosto, como moto, tatuagem e a banda.”

RISOTO DE LULA EM SUA PRÓPRIA TINTA COM QUEIJO DE CABRA

4 PORÇÕES

RECEITA DO JAMILE

PARA O ARROZ ARBÓREO
- 1 cebola
- óleo para refogar
- 500 g de arroz arbóreo
- 300 ml de vinho branco
- 1 litro de água

PARA O RISOTO
- 500 g de arroz arbóreo (pré-cozido)
- 200 ml de caldo de polvo (receita na p. 108)
- 30 ml de tinta de lula
- 50 g de manteiga
- 500 g de lula
- óleo
- 150 g de parmesão
- 12 bolinhas de queijo de cabra em conserva
- 40 g de tomate picado
- sal a gosto

tomate cortado em forma de pétalas e bolinhas de queijo de cabra para finalizar

1. Prepare o arroz arbóreo: refogue a cebola no óleo, acrescente o arroz, o vinho e a água. Cozinhe por cerca de 7 minutos em fogo alto. Coloque o arroz numa assadeira para esfriar e reserve.
2. Coloque o arroz arbóreo pré-cozido em uma panela com metade do caldo de polvo, a tinta de lula e metade da manteiga. Leve ao fogo até evaporar o líquido do caldo.
3. Tempere a lula com sal. Leve uma frigideira ao fogo com um fio de óleo. Quando estiver bem quente, salteie a lula brevemente.
4. Junte a lula ao arroz, adicione o parmesão, o queijo de cabra, o tomate, o restante do caldo de polvo e acerte o sal, se necessário. Finalize com o restante da manteiga.
5. Para servir, disponha o risoto em um prato e sobre ele coloque o tomate em pétalas e as bolinhas de queijo de cabra.

FETTUCCINE NEGRO

4 PORÇÕES

PARA A MASSA

200 g de farinha de trigo
200 g de semolina
4 colheres (sopa) de tinta de lula
16 gemas
6 dentes de alho picados
azeite
300 g de polvo cozido (receita na p. 108)
300 g de lula em anel
16 camarões-rosa grandes
1 maço de minirúcula
1 bandeja de tomate pera cortado ao meio
flor de sal a gosto

PARA O MOLHO BISQUE

200 g de cascas de camarão
2 pimentões vermelhos picados
2 cebolas picadas
1 maço de salsão picado
4 dentes de alho picados
2 colheres (sopa) de manteiga
1 copo de vinho branco
1 litro de água
sal a gosto

Dicas do chef

Se você não tiver o cilindro de macarrão, pode abrir a massa no rolo e cortar com a faca.

RECEITA DO JAMILE

prepare a massa

1. Misture a farinha e a semolina e adicione a tinta de lula. Bata as gemas e acrescente à mistura. Sove bastante a massa e deixe descansar por pelo menos 30 minutos antes de abrir.
2. Com a ajuda de um cilindro de macarrão, passe a massa até o número 5 por duas vezes em cada número, e corte a cerca de 25 cm e reserve.
3. Um pouco antes de servir, cozinhe a massa em água fervente por 2 minutos ou até o ponto desejado.
4. À parte, doure o alho em azeite, acrescente o polvo picado grosseiramente, a lula e, por último, os camarões, salteando brevemente. Verifique o sal, acrescente a massa já cozida, a rúcula e o tomate. Finalize com azeite e flor de sal.

prepare o molho

1. Leve a casca do camarão ao forno até dourar. Enquanto isso, em uma panela grande, doure os pimentões, as cebolas, o salsão e o alho na manteiga. Acrescente a casca do camarão já dourada, coloque o vinho e, em seguida, a água. Cozinhe por 30 minutos. Em seguida, bata tudo no liquidificador, coe e volte o molho para o fogo para reduzir até engrossar. Acerte o sal e reserve.

Para servir, coloque o molho em um prato fundo e, por cima, a massa com os frutos do mar. Finalize com um pouco mais de azeite e sirva imediatamente.

MOQUECA DE PEIXE COM BANANA-DA-TERRA

4 PORÇÕES

MOQUECA

5 g de alho picado
100 g de cebola roxa
50 g de pimentão amarelo
50 g de pimentão vermelho
50 ml de leite de coco
50 ml de creme de leite fresco
50 g de tomate pelado
20 ml de azeite de dendê
150 g de banana-da-terra
óleo de soja, manteiga de garrafa e sal a gosto

PEIXE

800 g de peixe (pescada amarela ou robalo ou namorado)
100 g de castanha-do-pará
sal, azeite e pimenta-do-reino a gosto

FAROFA

80 g de cebola branca
50 g de manteiga
1 pimenta-dedo-de-moça
100 g de farinha de mandioca crua (fina)
manteiga de garrafa
sal a gosto
coentro a gosto para finalizar

RECEITA DO JAMILE

1. Para preparar a moqueca, pique o alho, a cebola roxa, o pimentão amarelo e o vermelho e refogue em uma panela com o óleo de soja.
2. Sempre mexendo, acrescente o leite de coco, o creme de leite, o tomate, o azeite de dendê e tempere com sal. Deixe cozinhar por cerca de 15 minutos.
3. Corte a banana em rodelas e leve ao fogo em uma frigideira com um pouco de manteiga. Quando estiver dourada, passe a banana para a mistura da moqueca. Reserve.
4. Tempere o peixe com sal, pimenta-do-reino e um pouco de azeite e doure-o em uma frigideira com azeite. Passe o peixe para uma assadeira, cubra com a castanha-do-pará picada grosseiramente e leve ao forno por cerca de 8 minutos.
5. Enquanto isso, prepare a farofa: Corte a cebola em pequenos cubos e leve ao fogo em uma panela com manteiga. Refogue até murchar um pouco. Acrescente a pimenta-dedo-de-moça cortada em rodelas e sem sementes, a farinha de mandioca, um pouco de manteiga de garrafa e tempere com sal. Misture bem e reserve.
6. Para servir, faça uma base no prato com a moqueca, coloque o peixe por cima e guarneça com a farofa. Salpique as folhas de coentro por cima.

Dicas do chef

O pargo é um peixe de corte baixo, não precisa descansar antes de ir ao forno. Pode ser selado do lado da pele por cerca de 2 minutos e 1 minuto do outro lado antes de ser levado direto ao forno. Se for utilizar outro peixe, cuidado com a textura, pois cada peixe tem um tempo de preparo diferente.

RAGU DE RABADA COM NHOQUE DE BATATA E AGRIÃO

4 PORÇÕES

PARA O RAGU
2 kg de rabo de boi
20 g de sal
pimenta-do-reino a gosto
10 ml de óleo de soja
15 g de alho
250 g de cebola
250 g de cenoura
100 g de salsão
350 ml de vinho tinto
350 ml de vinho branco

PARA O NHOQUE
500 g de batata asterix
125 g de queijo parmesão ralado
75 g de farinha de trigo
75 g de agrião hidropônico
10 g de sal

20 g de manteiga
brotos de agrião a gosto

RECEITA DO JAMILE

prepare o ragu

1. Tempere o rabo de boi com sal e pimenta-do--reino.
2. Esquente bem a panela de pressão, acrescente um pouco de óleo e sele a carne de todos os lados, até ficar dourada. Retire da panela e reserve.
3. Ainda na panela de pressão, coloque o alho, a cebola, a cenoura e o salsão picados. Refogue com um pouco de óleo. Quando os legumes estiverem dourados, volte a carne à panela.
4. Acrescente os vinhos tinto e branco e cubra a carne com água. Feche a panela e leve ao fogo. Assim que a panela pegar pressão, deixe cozinhando por 1 hora, em fogo médio.
5. Quando a carne estiver pronta, retire da panela, deixe esfriar e desfie. Peneire o caldo do cozimento e reserve.
6. Para finalizar, leve a carne desfiada ao fogo junto com o caldo coado que foi reservado e acerte o sal.

prepare o nhoque

1. Descasque as batatas e cozinhe em água fervente por mais ou menos 40 minutos, até que estejam bem macias.
2. Quando estiverem frias, amasse-as e misture com o parmesão, a farinha de trigo, o agrião picado e o sal.

3. Quando a massa estiver bem homogênea, faça rolinhos e corte no tamanho equivalente a dois dedos.
4. Leve ao fogo uma frigideira com manteiga. Sele os nhoques dos dois lados, até que fiquem dourados.
5. Sirva em um prato fundo, montando da seguinte maneira: uma camada de ragu e, por cima, os nhoques. Finalize com parmesão e brotos a gosto.

CUPIM NA MANTEIGA DE GARRAFA, FAROFA DE BANANA E MANDIOCA CREMOSA

4 PORÇÕES

PARA O CUPIM
600 g de cupim bolinha
manteiga de garrafa
sal e salsinha a gosto

PARA A MANDIOCA
600 g de mandioca limpa
manteiga de garrafa
sal a gosto

PARA A FAROFA
100 g de farinha de mandioca grossa
20 g de alho
100 g de cebola roxa
30 g de manteiga
2 bananas-nanicas laminadas

RECEITA DO JAMILE

1. Enrole o cupim já temperado com sal em plástico próprio para churrasco. Dê aproximadamente cinco voltas para ficar bem resistente e amarre com barbante nas pontas (tipo bombom). Leve ao forno a 180°C e deixe por 4 horas. Retire do forno e deixe esfriar.
2. Cozinhe a mandioca em uma panela de pressão com manteiga de garrafa e sal por 40 minutos. Reserve.
3. Prepare a farofa: Torre a farinha de mandioca por cerca de 40 minutos ou até ficar dourada. Reserve. Em uma panela, doure o alho e a cebola roxa picados na manteiga, acrescente a banana cortada em lâminas e a farinha já torrada. Misture bem, acerte o sal e reserve.
4. Fatie a carne e aqueça em uma frigideira com manteiga de garrafa e sal. Finalize com salsinha e sirva em seguida com a mandioca e a farofa.

1%

AQUI NÃO TEM BURGUÊS, NEM PLAYBOY, NEM VACILÃO

ESSE TAL DE PUNK ROCK

NO PRINCÍPIO, FOI A música. Muito antes de despertar a vocação de cozinheiro, surgiu em sua vida o amor pelo rock'n'roll. Aos 10 anos já curtia bandas de rock pesado como a famosa australiana AC/DC e o eletrizante heavy metal da britânica Iron Maiden. Depois passou a ouvir a Sarcófago e a Mutilator, bandas de Belo Horizonte.

A paixão pela música o levou a aprender a violão. Aos 15 anos, passou a se dedicar à bateria. Mais tarde, aos 18, juntou-se a

alguns amigos de Ribeirão Preto, onde morava, para formar sua primeira banda, a Pineapple Face, experiência que foi interrompida pela sua viagem à Europa para fazer o curso de inglês.

No entanto, continuou frequentando os shows dos conjuntos de que gostava. Já morando em São Paulo, não demorou muito para se inserir em outros grupos de punk rock: aos 25 anos, participou do Impala, cujo nome fazia alusão ao imponente carro antigo da Chevrolet lançado no final da década de 1950, experiência que durou quase dois anos; na sequência, participou do Osso e depois do God.

Mas parece que a maturidade musical entrou mesmo na veia com a Oitão, formada em 2008. A banda de hardcore tradicional é composta por Ciero, na guitarra, Ed Chavez, no baixo, Marcelo Barbosa, na bateria e Henrique Fogaça, no vocal.

O nome Oitão vem de uma coincidência de datas. "O guitarrista, o baterista, minha mãe e a mãe do baixista fazem aniversário no dia 8." Carrega, ainda, um duplo sentido: é também o apelido do revólver de calibre 38 usado pela polícia. "É como se a nossa música fosse um tiro de contestação com as palavras."

Sua rótula explodiu, você não reagiu, legítima defesa
é o que vai alegar
Pessoas se agachando, o terror se espalhando, lembranças
do joelho
Você não vai esquecer.

Quantos vão chorar pra você vencer
Quantos vão morrer pra você sorrir.
(trecho de *Tiro na rótula*, do CD *4º mundo*)

A temática de protesto é concebida de forma simples, direta e ácida, que fica ainda mais forte ao peso do som.

No começo, a ideia era que a banda fosse um passatempo. A boa relação entre os membros da banda, o fato de terem crescido ouvindo o mesmo tipo de música e as oportunidades que foram surgindo fez com que evoluíssem para uma fase mais profissional. "A banda representa o que eu vivo, penso, meu estilo de vida, a forma como atuo na minha rotina."

HARDCORE É RUA, SENTIMENTO E EMOÇÃO

O SOM DO OITÃO segue o gênero hardcore, que vem da escola do punk rock. Literalmente, "hardcore" significa "núcleo duro", ou seja, algo intenso, extremo. Na música, traduz radicalismo, originalidade e contestação. "Hardcore é a nossa forma de questionar e nos expressar em relação ao mundo em que vivemos. É a minha vida, uma questão de sobrevivência, assim como a comida."

> "HARDCORE É A NOSSA FORMA DE QUESTIONAR E NOS EXPRESSAR EM RELAÇÃO AO MUNDO EM QUE VIVEMOS. É A MINHA VIDA, UMA QUESTÃO DE SOBREVIVÊNCIA, ASSIM COMO A COMIDA."

As primeiras músicas do gênero surgiram da mente de jovens surfistas e skatistas americanos que já eram fãs de punk rock. Começaram limpando um pouco o visual: deixaram de lado o excesso de acessórios e os extravagantes cortes de cabelo (como o moicano), optando, geralmente, pela cabeça raspada.

Ainda mais aceleradas, as canções são curtas – duram menos de um minuto, no ritmo dois por dois e com o vocal gritado. As primeiras bandas de hardcore foram as californianas Middle Class com o disco *Out of Vogue*; Germs, com o *Lexi com Devil;* e Black Flag, com *Nervous Breakdown*, os três discos lançados em 1978. A Black Flag caracterizou-se por um estilo que influenciaria outros conjuntos tanto de hardcore como de heavy metal: paradas que causavam total silêncio no meio da música e logo depois retorno ao som barulhento. Neste mesmo período, no Canadá, surgiram as bandas Subhumans e D.O.A., esta última considerada a responsáveis pela propagação do termo hardcore com o disco *Hardcore 81'*. Na Inglaterra, o estilo ganhou força no começo dos anos 1980, só que com mais radicalismo no jeito de se vestir, pois o pessoal que curtia punk já tinha sido influenciado pela irreverência do Sex Pistols. O início do hardcore no Brasil é marcado por bandas como a Ratos de Porão, que surgiu em 1981, junto com a explosão do movimento punk na capital paulista, e se tornou uma referência no gênero.

FONTES DE INSPIRAÇÃO

A BANDA INSPIRAÇÃO PARA a turma de Fogaça é a Ratos de Porão: "O estilo do Oitão é o hardcore brasileiro". Acabaram conhecendo e ficando amigos de membros do grupo, como João Gordo e Jão, e já dividiram o palco com eles várias vezes. "A relação que a gente tem com o pessoal da Ratos é de amizade, de respeito, de admiração; a gente considera a banda pioneira nessa vertente musical, os primeiros a gravar no Brasil e a fazer shows fora do país", diz o guitarrista da Oitão, Ciero.

A Oitão influenciou-se também pelas paulistanas Claustrofobia e Sepultura, além das americanas Terrorizer e Suicidal Tendencies, com a qual também já tocaram, em uma noite em que se apresentou também a Slayer, da Califórnia, que figura entre as maiores bandas desse gênero. "Estas bandas foram uma grande influência para mim."

ENCONTRO COM UM RAMONE

O FATO DE FOGAÇA ter ficado reconhecido como cozinheiro e também seu investimento de tempo na banda colaboraram para que ele conhecesse alguns de seus ídolos do meio musical. É o caso de Marky Ramone, baterista da banda americana Ramones, que ele cultua desde a adolescência.

Spank Me!

Encontraram-se pela primeira vez em 2012, quando Marky foi jantar no Sal. Quem os apresentou foi Fernando Badaui, seu sócio no Cão Véio e empresário da Oitão. A afinidade ocorreu de imediato e a partir desse momento se tornaram amigos. Depois continuaram se encontrando em São Paulo e em Nova York, onde o baterista mora.

Certa vez Marky e Henrique foram juntos jantar no Nobu, do chef Nobu Matsuhira, que tem como sócio o ator Robert de Niro. Nessa ocasião, trocaram muitas ideias sobre a formação do punk nos anos 1970 e sobre a rixa entre Ramones e Sex Pistols - as bandas reivindicavam a invenção do punk rock. Marky relembrou a época em que os Ramones tocavam no lendário CBGB, em Nova York, e como inspiraram os jovens de sua geração.

Fogaça aproveitou para perguntar detalhes sobre o mito Sid Vicious, o baixista da Sex Pistols que morreu tragicamente de overdose aos 21 anos e cuja breve vida foi retratada no filme *Sid e Nancy - o amor pode matar* (1996). Marky confirmou que boa parte do que está no filme é verdade, que realmente Sid e a mulher, Nancy, tiveram um forte envolvimento com heroína, que viviam a vida muito intensamente, extrapolando limites e que havia muita briga. "Estar lá ouvindo histórias lendárias de bandas que eu acompanhava desde moleque, ali, conversando tête-à-tête com o baterista, foi surreal, foi muita emoção."

"ESTAR LÁ OUVINDO HISTÓRIAS LENDÁRIAS DE BANDAS QUE EU ACOMPANHAVA DESDE MOLEQUE, ALI, CONVERSANDO TÊTE-À-TÊTE COM O BATERISTA, FOI SURREAL, FOI MUITA EMOÇÃO."

Quando Marky voltou ao Brasil, em 2013, participou como convidado especial do Sal no lançamento da pimenta De Cabrón - Chiplote e Maracujá, que levou o selo Fogaça e foi desenvolvida para combinar com a costela de porco com cachaça servida na casa.

Assim como serviu Marky Ramone, Fogaça teve a oportunidade de cozinhar no Sal para outras bandas de punk rock e hardcore das quais é fã, como a californiana Dead Kennedys, que ele ouvia desde moleque, cujo vocalista, Jello Biafra, abriu a primeira gravadora independente de que se tem notícia, a Alternative Tentacles, em 1979.

Também já teve a oportunidade de caprichar no menu e se sentar para tomar uma bebida com os membros da The Exploited. "É uma banda escocesa de punk fudida!" O mesmo aconteceu com a banda inglesa Extreme Noise Terror, a alemã Atari Teenage Riot, e a mexicana/norte-americana Brujeria. "Escutava essas bandas desde moleque, então me sinto um cara realizado dentro do meio punk por ter a chance de conhecer essas referências mundiais de rock, ter servido comida para os caras e tocado com eles, muito gratificante."

TRAJETÓRIA DE SUCESSO

A OITÃO SE APRESENTA em casas de hardcore de São Paulo e também em algumas cidades do Brasil. Já tocaram na cidade de Fogaça, Ribeirão Preto, em 2016, abrindo o show do Sepultura. Na cidade paulista de Cordeirópolis, em abril de 2016, integraram a primeira edição do Food Rock Festival, que aliou shows a *food trucks*. A Oitão tocou ao lado de bandas como a norte-americana Ramones e a paulista Tolerância Zero. Em Olinda, a banda tocou no Abril Pro Rock 2016, ao lado de Alice Caymmi, Robertinho do Recife, Tiê, Filipe Catto e Bandavoou.

Os ensaios e os shows são como uma válvula de escape para o chef: "Sempre gostei de me expressar através da música". É ele quem cria a maioria das letras. Elas falam de insatisfações sociais, política, violência, aquecimento global e corrupção. "Escrevo sobre o cotidiano que a gente vive, vê, fala, sobre a situação do país, a miséria que há na rua, a falta de oportunidade das pessoas."

O primeiro disco lançado da banda foi *4º mundo*, em 2009, com músicas como *Tiro na rótula*, *Garotos do subúrbio*, *Impunidade* e *Horário político*. "Vivemos em um país onde a hipocrisia reina.

Em cada esquina vemos uma mão estendida pedindo esmola. Aqui mesmo onde trabalho, aparecia um mendigo que revirava o lixo todos os dias e comia tudo o que via pela frente, uma cena muito triste." Essas observações da realidade deram origem à letra e à música composta pelo grupo, que virou o título do primeiro álbum:

> Crianças nas ruas
> Comendo lixo
> Sem esperança
> Sem uma vida
> Famílias acabadas
> Vivendo no esgoto
> Barriga vazia
> Mente faminta
> Lixos mexidos
> Mendigos famintos
> Brigando com ratos
> Por uma vida
> Fome, miséria e dor
> (trecho de 4º *mundo*, do CD de mesmo nome)

O segundo álbum, *Pobre povo*, traz músicas como *Podridão engravatada* e *Imagem da besta*. Na capa do CD, o grupo queria expressar a dura realidade das pessoas que vivem no submundo, em sinal de protesto. Fogaça foi com um fotógrafo na Cracolândia, no centro de São Paulo, e ali foi feita a impressionante foto da capa do disco: mãos muito maltratadas espalmadas, simbolizando a dificuldade da vida daqueles que nada têm. "A ideia era mostrar um reflexo do mundo em que vivemos e da podridão do poder; essas pessoas são vítimas da sociedade."

> Pobre povo sofrido entre o caos e o espinho miséria e podridão
> Escravatura e corrupção

Pobre de nós, indigentes, perdoamos
e confiamos a governos incompetentes
Fingimos que vivemos

O povo escorado nas ruas
Vivendo na miséria absoluta
Sem saúde
Sem educação
Filhos da puta governando
E o pobre povo sobrevivendo das migalhas do sistema
(trecho de *Pobre povo*, do CD de mesmo nome)

Ainda mais difícil de engolir – e essa é a ideia – é o terceiro CD, *Indigesto*, com letras que falam da atual situação do país, da violência, da falta de apoio, de educação e de saúde. "Você liga a televisão e só vê desgraça e porcaria; então o CD retrata a atual situação do país." Uma das músicas que escancara essa verdade chama-se *Aniquilado*:

Aniquilado
Expulsaram o meu povo
anularam minha vida
ocuparam minha pátria
traficaram mãe e filha

Destruíram, dividiram, humilharam
extinto aniquilado

Demoliram minha casa
assassinaram alegria
sequestraram esperança
algemaram o meu sonho
(trecho de *Aniquilado*, do CD *Indigesto*)

A música tema do disco faz com que se sinta mastigando mesmo os duros cacos da decadência do país:

indigesto
inaceitável, podre
na fonte, no lodo
mastigando vidro, duros cacos
pedaços de ferro, um rasgo goela abaixo

náuseas, tontura, indigestão
náuseas, tontura, indigestão
indigesto sujo e direto
somos assim, vivemos assim
com nó na garganta
vomitamos o que é imposto

disfagia, leis decadentes, tristeza em
massa, o apetite da política e a
indigestão do povo configuram o caos
como um jantar insosso
vida patética e mediana
(trecho de *Indigesto*, do CD de mesmo nome)

O avanço musical do grupo é perceptível: "Acho que conseguimos cada vez mais expor a temática em palavras mais ácidas e de uma forma mais intelectual."

NUNCA ME JULGUE

PARA SELAR SUA FORTE ligação com a música, Fogaça fez no pescoço uma tattoo com o logo da banda e também outras expressões ligadas ao seu gosto musical, como a frase *Don't ever judge me!*, verso da música *Surfacing*, da banda Slipknot, e o símbolo do grupo D.R.I. (Dirty Rotten Imbeciles).

Hardcore é rua, sentimento e emoção
Correria diária pra matar mais um leão
Trabalho incessante em busca da evolução
Aqui não tem burguês, nem playboy, nem vacilão

Crescer, vencer, prosseguir
Juntar nossa banca e resistir
Cerveja gelada e união
Um grito de revolta pra nação
(trecho de *Família hardcore*, do CD *4º mundo*)

1%, NÃO SOMOS COMUNS

NA SUA LOUCA ROTINA, Fogaça ainda arruma tempo para participar dos encontros com a galera do clube de motociclismo, o MC In'Omertà 9.15, cujo lema é "não somos comuns". O símbolo do clube deu origem a mais uma tatuagem, homenageando o hobby que curte desde moleque.

Quando ele tinha 14 anos, o pai o presenteou com uma mobilete mas o alertou que, se não fosse prudente e caísse, ela seria vendida. Acabou sofrendo um tombo feio e ralou todo o ombro, que ficou em carne viva. Tentou esconder, mas não teve jeito, o machucado era muito aparente. Seu João Gilberto, então, trancou a mobilete no escritório até levá-la para vender. "Mesmo assim eu dava um jeito de pegar a chave escondido e à noite eu saía de mobilete e rodava." Depois, já sem a mobilete, dava umas voltas com a moto do irmão e a dos amigos.

Apenas depois de algum tempo morando em São Paulo, quando pediu as contas do emprego do banco, comprou uma Suzuki 500. E foi trocando: vendeu a Suzuki e adquiriu uma Falcon e em seguida teve uma XT 600. Hoje o chef tem duas Harley-Davidson, marca norte-americana que está entre as preferidas dos amantes da moto: uma Deluxe 1600 e uma Sportster 1200.

A sede do motoclube MC In'Omertà 9.15 fica no bairro da Pompeia, em São Paulo, e conta com quase duzentos membros. Juntos, eles fazem ações sociais, como distribuição de agasalhos e de sopão no inverno.

CHEFS ESPECIAIS

FOGAÇA AINDA TEM TEMPO de dar aulas de culinária para jovens com síndrome de Down. Desde 2008 ele participa do projeto Chefs Especiais, da ONG de mesmo nome, localizada no bairro de Higienópolis, em São Paulo. O projeto tem por objetivo inserir os jovens especiais na sociedade por meio da gastronomia. Na instituição, além de outras atividades, das quais Fogaça também participa, as crianças recebem aulas de culinária básica extensiva.

Doar seu tempo e o pouco que sabe é uma atividade que o faz se sentir muito bem. "Sou muito bem recebido, as crianças me adoram, então minha relação é muito próxima, é um trabalho emocionante que preenche a alma." O chef reconhece que é difícil inserir uma pessoa com síndrome de Down em um cozinha profissional por conta de suas limitações. "A maioria participa do Chefs Especiais para aprender a se virar, ter mais autonomia."

O que o motivou a ser voluntário na ONG foi o fato de ter uma filha especial. Olívia fez o pai enxergar o mundo de outra forma. "Só quando acontece com a gente é que conseguimos dar valor e sentir realmente o que é o mundo lá fora, cheio de preconceitos, de imperfeições. Ninguém é perfeito. Então a Olívia é a minha perfeita imperfeita ou a minha imperfeita perfeita, porque a vida é assim. A gente vai aprendendo e evoluindo muito. A Olívia me inspira com seu sorriso de diversas maneiras: a dar o meu melhor, a aproveitar a vida fazendo o bem, a acreditar no trabalho e a viver cercado de pessoas que me fazem crescer." Antes dessa experiência, participou por alguns meses de um grupo que fazia sopão para levar aos necessitados no centro da cidade. Parou por causa da correria.

SONHOS E PLANOS

APESAR DE TER ESTUDADO gastronomia, Fogaça se considera um autodidata, um pesquisador que observa tudo na cidade onde vive e nas cidades para onde viaja. No futuro próximo, tem intenção de abrir um restaurante em Miami. "Quero estar com um pé lá e outro aqui." No mais, ainda não tem muitos planos em mente. "Mas não abro mão de nada, o céu é o limite. Vamos ver o que aparece e, se for bacana, a gente vai para cima."

Na sua rotina extenuante – em geral só consegue dormir depois de uma hora da madrugada –, não abre mão de pequenos prazeres. Como acordar umas sete e meia e tomar um bom café da manhã, com banana amassada com aveia, ovo quente (que adora), café com leite, pão com manteiga feito na frigideira e suco. Nos fins de semana, gosta também de comer um sanduíche de queijo branco com peito de peru, salada de frutas e iogurte com granola, no qual mistura hortelã.

Ele passa o dia inteiro beliscando, em todos os seus restaurantes – Sal, Jamile e Cão Véio –, por onde passa todos os dias para supervisionar. "Como o tempo todo, para mim comida não tem horário, vida de cozinheiro é assim." Mas gosta de fazer pelo menos uma refeição mais completa. "Vamos dizer que em trinta por cento da minha rotina faço um prato com alguma coisa e praticamente todas as vezes acabo almoçando um prato com arroz, feijão, carne, ovo, vinagrete e uma farofinha de mandioca que puxo na frigideira." Gosta muito, também, de burrata com tomate. No Sal, muitas vezes acaba jantando à uma hora da madrugada e, em casa, tem o hábito de acordar no meio da noite e fazer um lanche rápido: sanduíche de presunto e queijo acompanhado de um copo de leite.

Quando almoça em casa, tenta fazer uma refeição mais leve por conta de seus treinos de muay thai, como arroz integral, carne grelhada, saladinha e alguns legumes. "Mas sem rotina certa não dá para seguir à risca."

PAIXÃO PELA GASTRONOMIA

A MÚSICA HARDCORE, o motoclube e o muay thai são prazeres que preenchem muito a sua vida. Mas, sem dúvida, sua maior paixão é a gastronomia. "Gosto mesmo de ficar na frente do fogão." Em homenagem à profissão que lhe traz tantas realizações ele resolveu tatuar na parte frontal do pescoço, bem visível, o ano de seu nascimento: 1974, com um fogo em negativo, selando a sua união permanente com a cozinha.

A HISTÓRIA CONTINUA...

"**HOJE A VIDA DE** Henrique está do jeito que ele sempre sonhou, ele é feliz fazendo as coisas que quer fazer, isso que é muito legal! Tenho orgulho de aonde ele chegou, ele é sangue bom pra caramba!" (Edu, amigo de infância)

"**VEJO A TRAJETÓRIA DELE** como sendo de muito talento, de muita garra, de superação, ele deu a volta, à sua maneira, em muitas dificuldades que a vida impôs". (Maria Luisa, mãe)

"HENRIQUE É UMA INSPIRAÇÃO para mim, como chef e cozinheiro; sabe dar oportunidade, é muito justo, humilde e correto." (Roberta, subchef do Jamile)

"O HENRIQUE DÁ OPORTUNIDADE para qualquer pessoa, independentemente de quem for, ele olha no olho e acredita; fez isso comigo e hoje estamos aí!" (Vanderson, subchef do Sal)

"TUDO O QUE HENRIQUE se propõe a fazer, faz direito, ele é muito exigente, muito perfeccionista. Não tem medo da derrota, vai em frente." (Fernanda, ex-mulher, mãe de Olívia e João)

"HENRIQUE, MEU AMIGO, JUÍZO, tome cuidado com as pessoas! Continue sendo esse cara que você é. Vamos em frente que está só começando." (Kichi, amigo e sócio)

›À direita:
os integrantes da
banda Oitão.
›Abaixo, Henrique
e as equipes do Sal
Gastronomia, Jamile,
Admiral's Place
e Cão Véio.

EU AGRADEÇO A DEUS por estar presente em todo o caminho da minha vida. Aos meus pais, João Gilberto e Maria Luisa, aos meus avôs paternos Flora e Joel, e maternos, Francisco e Liliza, pelo carinho e a dedicação. Retribuo o companheirismo dos meus irmãos, Guilherme e Raquel. É uma bênção ter filhos tão incríveis como João, Maria Letícia e Olívia. Sem citar nomes, pois corro o risco de esquecer alguém e isso seria imperdoável, valorizo toda a afeição que meus amigos – de longas datas e novos – me concedem a cada dia. Meu reconhecimento às pessoas que estão trabalhando junto comigo lado a lado. Por fim, quero dizer que admiro todos os cozinheiros que amam a profissão e que retribuo o esforço e o belo trabalho artesanal que faz o agricultor, que nos entrega a matéria-prima de nosso trabalho. Sem um bom produto, não existe boa cozinha. E assim, tomando como exemplo as pessoas citadas, respeito, sobretudo, todo ser humano de verdade!

Henrique e os filhos Olívia, Maria Letícia e João.

BEER
FAMILY
ALWAYS